Anne Geiger / Antje Mefferd

Dysarthrie

Ein Ratgeber für Angehörige

Die Autorinnen

Anne Geiger

Staatlich anerkannte Logopädin, Tätigkeit in einer neurologischen Rehabilitationsklinik in Passau und in einer logopädischen Praxis in Nossen und Waldheim.
Zurzeit im Erziehungsurlaub und wohnhaft in der Schweiz.

Antje Mefferd

Staatlich anerkannte Logopädin in Deutschland und den USA, Tätigkeit am Universitätsklinikum in Dresden und Omaha, Nebraska (USA), seit 2004 wissenschaftliche Mitarbeiterin an der Universität in Lincoln, Nebraska. Promotionsarbeit zum Thema Sprechbewegungsleistungen und Kompensationsstrategien zur Erhaltung der Verständlichkeit bei Sprechern mit Amyotropher Lateralsklerose.

Anne Geiger / Antje Mefferd

Dysarthrie

Ein Ratgeber für Angehörige

Das Gesundheitsforum

Bibliografische Information der Deutschen Nationalbibliothek

Die Deutsche Nationalbibliothek verzeichnet diese Publikation in der Deutschen Nationalbibliografie; detaillierte bibliografische Daten sind im Internet über http://dnb.d-nb.de abrufbar.

Für die Abbildungen auf den Seiten 32, 36, 42, 44 und 53 bedanken wir uns beim Aphasiezentrum in Vechta-Langförden, in dem auch Menschen mit Dysarthrie Hilfe finden.

2., überarb. Auflage 2007
1. Auflage 2002
ISBN 978-3-8248-0491-7

Lektorat: Doris Zimmermann
Umschlagentwurf und Layout: Petra Jeck
Umschlagfotos: Archiv Schulz-Kirchner Verlag
Druck und Bindung: wd print und medien GmbH, Wetzlar
Printed in Germany

Inhaltsverzeichnis

Vorwort zur Reihe

Dysarthrien sind die häufigsten Sprechstörungen in der Folge von Schlaganfällen und Schädel-Hirn-Traumen. Die Betroffenen haben das Problem, dass ihr Sprechen für die Zuhörer nur schwer verständlich ist. Häufig führt die Dysarthrie zudem zu schwerwiegenden psycho-sozialen Folgen. Für die Angehörigen ist es notwendig, dass sie das Wesen und die Folgen der Dysarthrie verstehen, so dass sie den Betroffenen möglichst gut zur Seite stehen können. Es ist das Anliegen des vorliegenden Ratgebers, die wichtigsten Informationen über Dysarthrie für Angehörige zusammenzustellen.

Die „Ratgeber für Angehörige, Betroffene und Fachleute" vermitteln kurz und prägnant grundlegende Kenntnisse (auf wissenschaftlicher Basis) und Hilfestellungen zu ausgewählten Themen aus den Bereichen Sprachtherapie, Ergotherapie und Medizin. Die Autor(inn)en der Reihe „Ratgeber" sind ausgewiesene Fachleute, die seit vielen Jahren in der Therapie, in der Beratung und in der Aus- und Weiterbildung tätig sind.

Prof. Dr. Jürgen Tesak
Herausgeber

Einleitung

Das Sprechen ist ein einzigartiger, sehr komplexer und komplizierter Ablauf von Bewegungen. Sprechen bzw. Sprache ist das wichtigste Kommunikationsmittel für uns Menschen. Wir können auf diese Weise mit unserer Umwelt in Kontakt treten und unsere Gedanken und Gefühle ausdrücken. Aus diesem Grund ist eine **Störung des Sprechens** eine wesentliche **Einschränkung der Kommunikationsfähigkeit.**

Dysarthrien sind die häufigsten, durch eine **Hirnverletzung** hervorgerufenen Kommunikationsstörungen. Jährlich erkranken in Deutschland ungefähr 30.000 Menschen an einer Dysarthrie, die durch einen Schlaganfall, eine Hirnblutung oder ein Schädel-Hirn-Trauma hervorgerufen wurde. Eine Beeinträchtigung der Kommunikation bedeutet nicht nur, dass die Betroffenen für Mitmenschen schwer verständlich sind oder dass ihnen das Sprechen sehr viel Mühe bereitet, sondern dass auch weit greifende Folgen im psychosozialen Bereich entstehen. Für die Angehörigen verändert sich ebenso oftmals das Alltagsleben.

Dieser Ratgeber soll in erster Linie informieren und aufklären. Er soll die Informationen liefern, die Angehörige für das richtige Verständnis dieser Erkrankung und für die daraus resultierenden Probleme benötigen. Des Weiteren sind Hinweise und Tipps zu finden, wie Hilfe und Unterstützung sinnvoll geleistet werden kann. Ein Glossar am Ende des Buchs soll mithelfen, das verwendete Fachvokabular besser zu verstehen. Die dort erklärten Ausdrücke sind mit Pfeilen (→) im Text gekennzeichnet.

Dieser Ratgeber ist für Angehörige von Menschen mit einer chronischen Dysarthrie gedacht. Dabei haben wir uns außerdem auf die Gruppe der durch Schlaganfälle, Hirnblutungen oder Schädel-Hirn-Traumen verursachten Dysarthrien beschränkt. Für Menschen mit Dysarthrie mit anderen Grunderkrankungen, z.B. Multiple Sklerose oder Parkinson-Syndrom, existieren bereits spezifische Ratgeber und Informationsmaterialien. Eine Liste mit Hinweisen zu weiterführender Literatur ist im Anhang zu finden.

Wenn wir durchweg nur die maskulinen Formen (Betroffener, Patient, Angehöriger, etc.) verwenden, hat dies ausschließlich mit der sprachlichen Vereinfachung zu tun, natürlich sind Personen beider Geschlechter gemeint.

Was sind Symptome und Ursachen einer Dysarthrie?

Wie zeigt sich eine Dysarthrie?

Eine **Dysarthrie** ist eine **Sprechstörung**, die durch eine Hirnverletzung verursacht wird. Der Name leitet sich von dem hauptsächlichen Symptom der Erkrankung ab. Die Vorsilbe „dys" signalisiert eine Störung, „arthreïn" kommt aus dem Griechischen und bedeutet Artikulieren, also das Bilden von Sprachlauten. Eine Dysarthrie ist **eine Störung der Lautbildung (Artikulation)**, hervorgerufen durch eine Hirnverletzung.

Erscheinen außerdem die **Atmung** und der **Stimmklang** sowie die „Sprechmelodie" und das Sprechtempo (→ **Prosodie**) auffällig, spricht man von einer **Dysarthropneumophonie**. Die Bezeichnungen „pneuma" (= das Atmen betreffend) und „phoné-" (= die Stimme betreffend) verdeutlichen die zusätzlichen Störungen. Des Weiteren benutzen Fachleute den Begriff **Dysarthrophonie**, wenn die Störungsschwerpunkte Artikulation und Stimmklang verdeutlicht werden sollen. Jedoch wird der Einfachheit halber häufig von einer Dysarthrie gesprochen, auch wenn Atmung, Stimmklang und Prosodie mitbetroffen sind.

Das Auftreten der Symptome ist **individuell verschieden**. Sie können allein oder in unterschiedlichen Kombinationen vorkommen. Welche Symptome auftreten, ist vor allem **vom Ort und vom Ausmaß der Hirnverletzung abhängig**. In den folgenden Abschnitten werden die hauptsächlichen Symptome der Dysarthrie näher beschrieben.

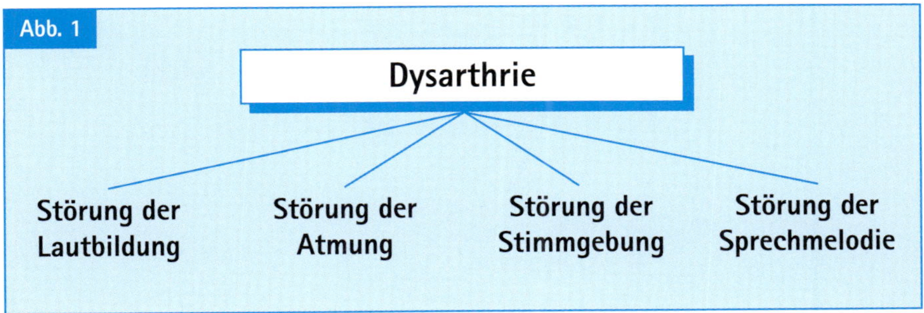

Störung der Artikulation (Lautbildung)

Durch Lähmung der am Sprechvorgang beteiligten Muskeln (Kiefer- und Gesichtsmuskulatur, Mundmuskulatur, Zungenmuskeln oder Gaumensegelmuskulatur) kann die Bildung der Sprachlaute gestört bzw. erschwert werden.

Störung der Artikulation - mögliche Symptome:

- verlangsamte, verwaschene, „genuschelte" und lasche Artikulation
- angespanntes, holpriges, hart klingendes „Nussknacker-Sprechen"
- Wechsel zwischen verwaschener, lascher und angespannter, holpriger Artikulation
- Störung der Nasalität beim Sprechen (zu viel oder zu wenig Nasalität)

Einerseits ist es nur schwer oder gar nicht möglich, ausreichende Muskelspannung zum Artikulieren aufzubauen (→ Hypotonie). Beispielsweise können die Lippen nicht mehr vollständig zusammengepresst werden, da eine Seite des Mundes gelähmt „nach unten hängt". Oder die Zungenmuskulatur ist so schwach, dass sich die Zunge beim Sprechen kaum oder gar nicht bewegt. Die Aussprache hört sich **lasch, verwaschen und genuschelt** an. Das Gesagte ist für den Zuhörer nur **schwer zu verstehen** oder sogar **völlig unverständlich**.

Andererseits kann die Muskelspannung im Mundbereich stark erhöht (→ hyperton) sein, so dass die Sprachlaute nur mit sehr viel Anstrengung gebildet werden können. Man kann sich das so vorstellen, als ob die Zunge steif ist und sich nur

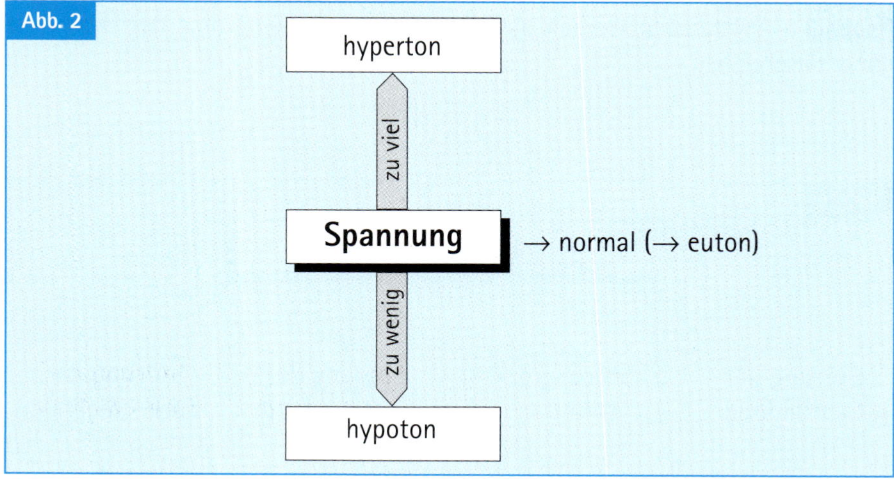

schwer bewegen lässt. Beim Sprechen muss also gegen einen erhöhten Widerstand angekämpft werden, um Artikulationsbewegungen ausführen zu können. So entsteht für den Zuhörer der Eindruck eines **angespannten, holprigen und hart klingenden „Nussknacker-Sprechens"**.

Die Muskelspannung kann sich auch immer wieder verändern. Dadurch findet ein wiederkehrender Wechsel von Bewegungsgeschwindigkeiten und Bewegungsausmaß statt. Das geschieht, wenn im Gehirn die Abstimmung von feinen Bewegungen nicht mehr möglich ist. (Dieses Phänomen kann man auch bei einer entsprechenden Menge Alkohol im Blut beobachten.) Insgesamt werden dann die Bewegungen grober, ausfahrender und unharmonisch (→ Ataxie). Neben einem schwankenden Gangbild verändern sich auch die Sprechbewegungen. Der **Wechsel zwischen einer angespannten, holprigen und einer verlangsamten, verwaschenen und laschen Artikulation** ist beobachtbar. Die Äußerungen werden schwer verständlich. So entsteht bei einer solchen Form der Dysarthrie oft der falsche Eindruck, der Betroffene hätte zu viel Alkohol getrunken und würde deshalb „lallen".

Zu diesen Problemen beim Sprechen können Schwierigkeiten bei der **Steuerung des Luftaustritts durch die Nase** auftreten. Normalerweise reguliert das **Gaumensegel** (→ Velum) das Entweichen der Atemluft durch die Nase oder den Mund. Bei bestimmten Lauten (z.B. p, t, k) hebt sich das Gaumensegel, legt sich an die Rachenhinterwand und schließt den Nasenraum ab. So wird die Luft für kurze Zeit im Mundraum gestaut und kann nicht durch die Nase entweichen. Bei anderen Lauten (den Nasenlauten m, n, ng) bleibt das Gaumensegel im Mundraum entspannt hängen und lässt die Ausatemluft durch die Nase entweichen. Dadurch

Abb. 3

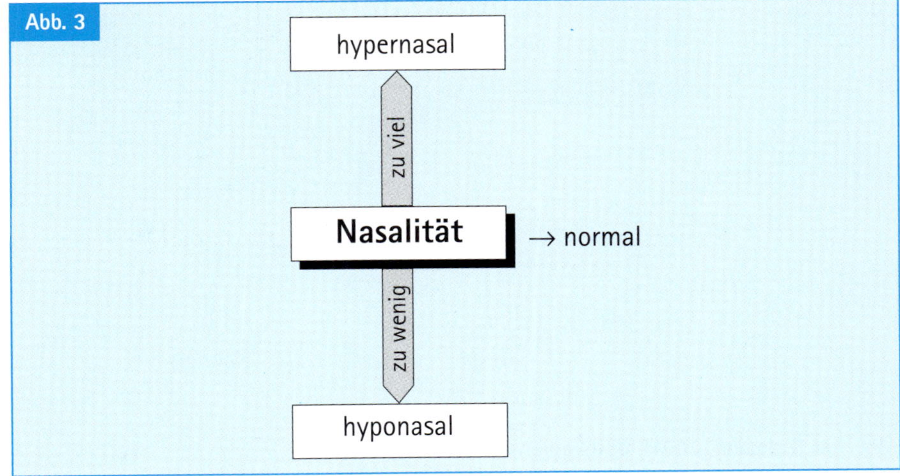

Abb. 4

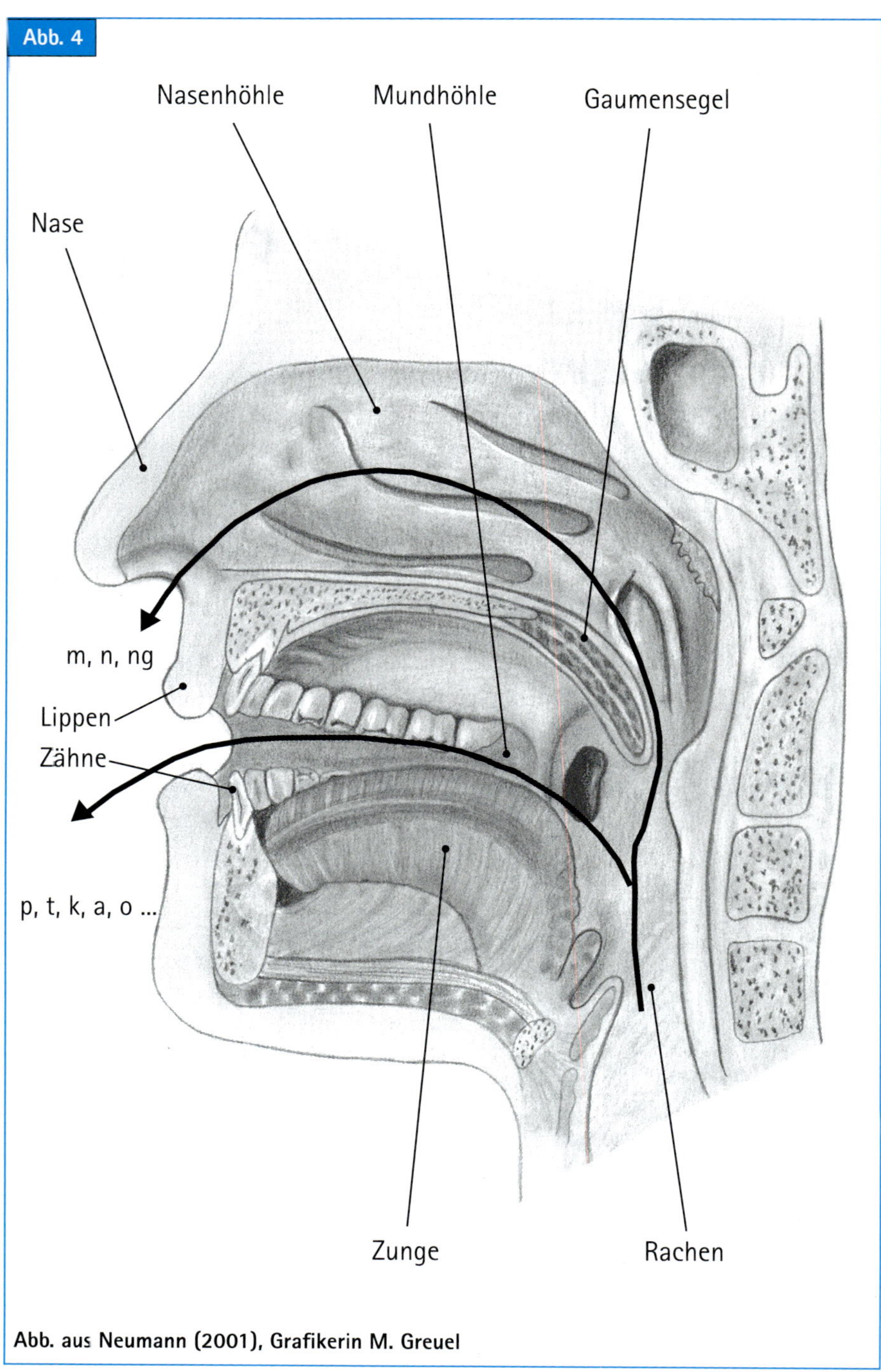

Abb. aus Neumann (2001), Grafikerin M. Greuel

entsteht der charakteristische Klang (die Nasalität) solcher Laute. Das alles passiert normalerweise automatisch und man denkt gar nicht darüber nach.

Infolge einer **kompletten bzw. teilweisen Lähmung** oder bei einer **Schwäche der Gaumensegelmuskulatur** ist dieser Ablauf gestört. Das Gaumensegel hebt sich nicht mehr oder nur unvollständig, um den Mundraum abzudichten. Folglich entweicht die Luft stets durch die Nase (→ Hypernasalität). So entsteht ein „Schnarchgeräusch" (Durchschlaggeräusch) beim Sprechen (beispielsweise bei p, t, k), wenn das Gaumensegel an der Rachenhinterwand liegen und den Nasenraum abdichten sollte.

In anderen Fällen liegt das Gaumensegel ständig an der Rachenhinterwand und die Luft kann nie durch die Nase entweichen (→ Hyponasalität). Das hört sich so an, als ob der Betroffene eine verstopfte Nase wie beim Schnupfen hat, durch die er keine Luft bekommt.

Es kann auch vorkommen, dass die Funktion des Gaumensegels intakt ist, jedoch die **Koordination von Gaumensegelbewegungen** in Verbindung mit anderen Sprechabläufen schwer fällt oder unmöglich ist. In diesem Falle wechseln sich zu viel und zu wenig Nasalität ab.

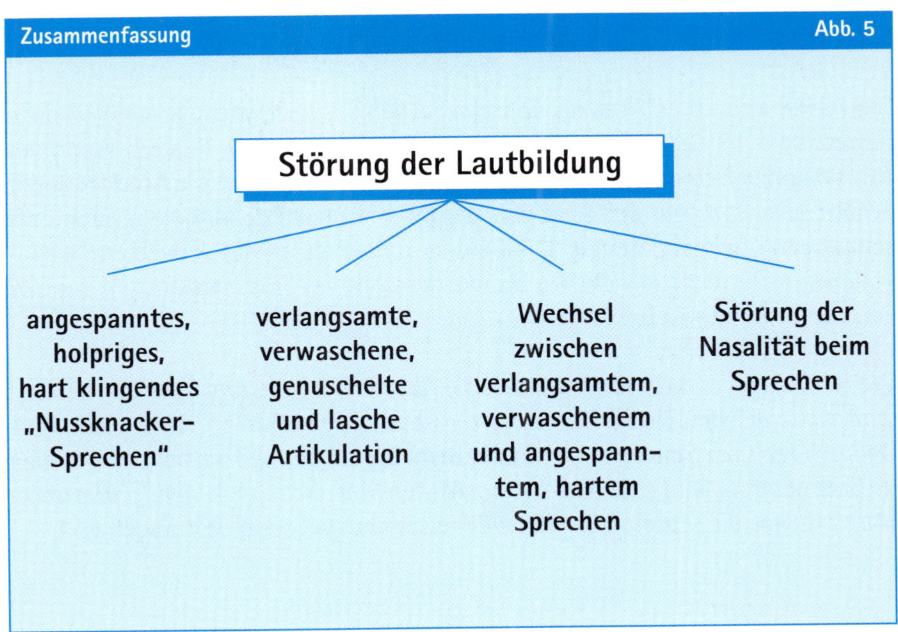

Störung der Atmung

Eine der vielen Ursachen von Atemstörungen kann die **Verletzung von Nerven** sein, die das **Zwerchfell** versorgen. Das Zwerchfell ist der wichtigste Muskel, der die Atmung unterstützt. Wenn z.B. über einen längeren Zeitraum eine Beatmung stattfand, kann eine **geschwächte Atemmuskulatur** die Folge sein, da diese nicht mehr aktiv beim Atmen genutzt wurde. In der ersten Zeit nach der Beatmung hat der Betroffene deshalb Probleme mit der Atmung und der Koordination von Atmen und Sprechen.

Störungen der Atmung – mögliche Symptome:

- flache, kurze Atmung mit erhöhter Atemfrequenz
- ungleichmäßige, stoßartige Atmung
- Sprechen während der Einatmung
- Sprechbeginn erst am Ende der Ausatmung
- Atemgeräusche

Fällt die Tätigkeit der Atemmuskulatur ganz oder teilweise aus, kann die eingeatmete Luft nicht mehr tief genug in die Lungen eingesogen werden, und die normale, sogenannte „Bauchatmung" ist nicht mehr möglich. Die **Atmung ist flach und kurz.** Folglich **verkleinert sich auch das Atemvolumen.** Damit ist auch das zum Sprechen benötigte Luftvolumen geringer.

Die flache und kurze Atmung und eine allgemeine Schwächung können dazu führen, dass der Betroffene sehr leise spricht oder nur noch flüstert. Wenn das Atemvolumen kleiner ist, muss öfter geatmet werden. So kann die **Atemfrequenz erhöht** sein. Es macht den Anschein, der Betroffene würde aufgeregt **nach Luft schnappen** („Schnappatmung"). Außerdem können durch das verkleinerte Atemvolumen nicht mehr so viele Wörter wie gewohnt am Stück gesprochen werden. Häufigeres Atmen ist die Folge.

Weiterhin kann es dazu kommen, dass die Ausatemluft, die zum Sprechen genutzt wird, nicht gleichmäßig, sondern in kurzen Abschnitten („Stößen") abgegeben wird. Dadurch fehlt der **Sinnzusammenhang beim Sprechen,** weil mitten im Wort oder im Satz geatmet wird (z.B. „Gu- (Atmung) -ten Mor- (Atmung) -gen."; „Wie geht- (Atmung) -es dir heute?"). Der Betroffene spricht **ruckartig und abgehackt**.

Zudem können **Geräusche** beim Ein- und Ausatmen entstehen, die sich wie Röcheln oder Schnarchen anhören. Die Ursache dafür kann sein, dass beim Atmen die Luft unter Anstrengung eingesogen und auspresst wird.

Bei Atemstörungen ist es möglich, dass der Betroffene nicht mit der Ausatemluft spricht, sondern **die Einatmung zum Sprechen** nutzt (sogenanntes inspiratorisches Sprechen). Das hört sich schwach und kraftlos an, als ob die Luft zum Sprechen nicht ausreichen würde.

Wenn die Koordination von Atmung und Sprechen sehr schwierig ist, kann es auch vorkommen, dass der Betroffene erst **am Ende der Ausatmung** zu sprechen beginnt. Somit entstehen nur sehr kurze Äußerungen, und der Sprecher muss anschließend sofort wieder nach Luft schnappen.

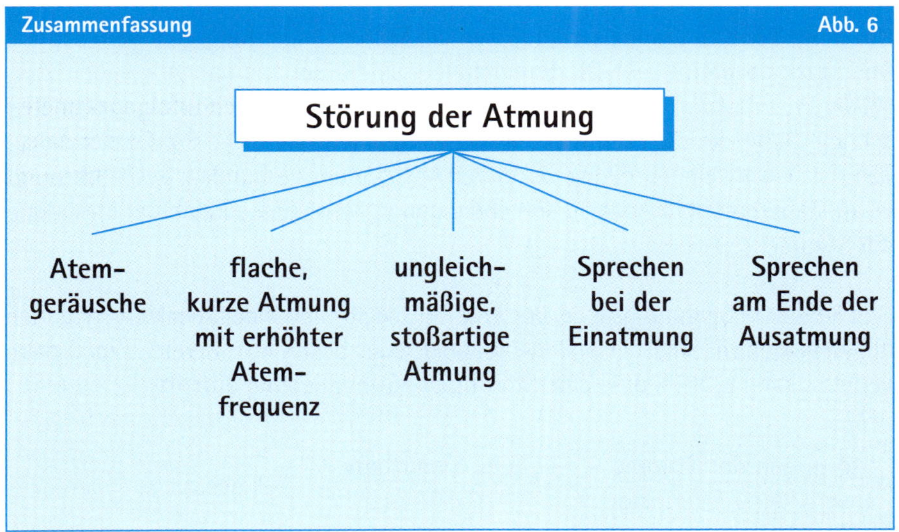

Störung der Stimme

Der menschliche Kehlkopf ist für die Stimme verantwortlich. Werden Nerven verletzt, die die Muskeln des Kehlkopfes versorgen, können Störungen der Stimmgebung auftreten. An der Stimmgebung sind hauptsächlich die Stimmbänder beteiligt. Die Stimmbänder sind Muskeln im Kehlkopf, die durch die Ausatemluft in Schwingung versetzt werden. Diese Schwingungen erzeugen Schallwellen, die wir dann als Stimme wahrnehmen. Die Stimmlage bzw. Tonhöhe kann man willkürlich verändern. Dazu müssen sich die Stimmbänder im Spannungszustand verändern. Der Spannungszustand wirkt sich dann auf die Länge und Dicke des Muskels aus.

Bei einem **tiefen Ton** sind die Stimmbänder **kurz, dick und wenig gespannt**. Durch die Atemluft werden sie in Schwingung versetzt. Diese Bewegungen wirken aufgrund der dicken, massereichen Stimmbänder eher schwerfällig und langsam. Die **Frequenz** der Schallwellen ist deshalb auch **niedrig**.

Um **hohe Töne** zu produzieren, müssen die Stimmbänder **lang gezogen, schmal und stark gespannt** sein. Die Stimmbänder sind dünn und haben weniger Masse, die im Luftstrom bewegt werden muss. Die Schwingungen erfolgen hier sehr schnell. Daher ist die **Frequenz** der Schwingungen **hoch**. Die Produktion hoher Töne ist also mit einer großen muskulären Anspannung verbunden. Deshalb strengt es an, dauerhaft sehr hoch zu sprechen, und es führt schnell zu einer Ermüdung der Stimme.

Den Befehl zur Spannungsänderung erhalten die Stimmbänder über Nervenbahnen aus dem Gehirn. Sind diese Nervenbahnen oder bestimmte Bereiche im Gehirn verletzt, kann es sein, dass eine Störung der Stimmgebung auftritt.

Störungen der Stimme – mögliche Symptome

- veränderte Stimmlage
- Tonhöhenschwankungen und Tonhöhensprünge
- raue, heisere oder gepresste Stimme
- fehlende Kontrolle über die Lautstärke der Stimme

Hat sich die normale Stimmlage verändert, arbeiten die Stimmbänder nicht mehr in ihrem normalen Spannungszustand. Die Stimme kann um einiges **höher oder tiefer** sein als vor der Erkrankung. Es ist jedoch möglich, dass der Betroffene selbst die Veränderung des Stimmklangs gar nicht hört, obwohl es Verwandten und Bekannten sofort auffällt.

Weiterhin können **Schwankungen oder Sprünge in der Tonhöhe** auftreten, die an einen Knaben im Stimmbruch erinnern, aber nicht beeinflussbar sind. Hier wechselt der Spannungszustand der Stimmbänder, ohne dass es vom Sprecher gewollt ist.

Außerdem ist es möglich, dass die Stimme **sehr rau, heiser oder gepresst** klingt, als hätte man eine starke Erkältung. Dazu kommt es, wenn die Stimmbänder im Luftstrom nicht genug oder nicht gleichmäßig schwingen. Auch ein vollständiger Stimmverlust ist möglich.

Neben dem gestörten Stimmklang kann es zur **Veränderung der Lautstärke beim Sprechen** kommen. Das erklärt sich folgendermaßen: Über die Ausatemluft werden die Stimmbänder in Schwingung versetzt. Ähnlich wie bei der Gitarrensaite, die durch vorsichtiges Zupfen nur leise klingt und durch kräftiges Zupfen einen lauten Ton produziert, entsteht durch wenig Atemdruck beim „vorsichtigen" Ausatmen ein leiser Ton und bei einem kräftigen Atemdruck ein lauter Ton.

Fallen Atmung und vor allem **Regulierung der Ausatemluft** schwer, kann die Lautstärke der Stimme möglicherweise nicht gesteuert werden. Der Sprecher redet in dem Fall **zu laut** oder **zu leise**. Das ist besonders dann sehr auffällig, wenn die Lautstärke im völligen Gegensatz zu früher steht. Für Zuhörer, die den Betroffenen schon vor der Erkrankung kannten, klingt das sonderbar. Es kann der Eindruck entstehen, die Person traut sich kaum zu sprechen oder denkt, man höre schwer. Tatsache ist aber, dass der Betroffene die Lautstärke beim Sprechen nur sehr schwer beeinflussen kann.

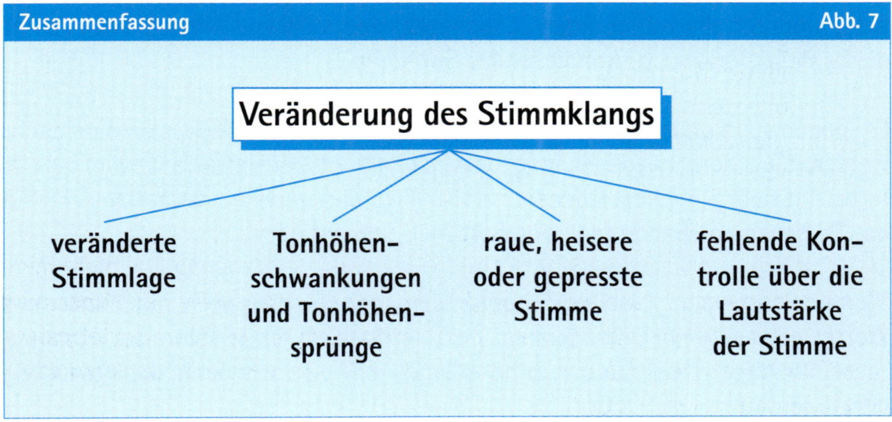

Störung der Prosodie

Die Betonung von wichtigen Wörtern im Satz, das Tempo und der Rhythmus beim Sprechen sowie die Sprechmelodie (das Heben oder Senken der Stimme bei Fragen, Aufforderungen oder Signalisieren des Satzendes) können auf verschiedene Art und Weise verändert sein.

Störungen der Prosodie - mögliche Symptome

- gleichförmiges, monotones Sprechen
- zu schnelles oder zu langsames Sprechtempo
- abgehacktes, skandierendes Sprechen
- unangemessen lange oder zu kurze Sprechpausen

Gerade wegen der problematischen Regulierung der Atemluft (Veränderung der Lautstärke) und der Schwierigkeiten bei der Tonhöhenvariation ist ein eher **gleichförmiges und monotones Sprechen** ein weiteres Merkmal einer Dysarthrie. Der Eindruck von Monotonie entsteht durch fehlende Melodieverläufe und fehlende Lautstärkevariationen. Es fällt dem Sprecher schwer, die Stimme bei einer Frage am Ende des Satzes zu heben oder wichtige Wörter zu betonen. Gerade Letzteres kann für den Sinn des Gesagten entscheidend sein.

Erfolgt die Koordination der Sprechmuskulatur nicht in ausreichendem Maße, ist es möglich, dass der Betroffene **schneller spricht**, als ob er gehetzt wird und sich beeilen müsste. Das zeitweise normale Sprechtempo kann aber auch durch Phasen sehr schnellen Sprechens unterbrochen werden.

Weiterhin ist es möglich, dass in einem gleichförmigen Rhythmus gesprochen wird, wodurch die Äußerungen „abgehackt" und stockend klingen. Man nennt dieses Phänomen auch **skandierendes Sprechen**.

Es können auch **unangemessen lange oder nur zu kurze Sprechpausen** gemacht werden. Sie sind entweder so lang, dass man glaubt, der Betroffene wäre bereits fertig mit dem Sprechen. Oder sie sind so kurz, dass man sie kaum bemerkt und das Erkennen von Satzanfang und Satzende schwerfällt.

Werden Pausen zum falschen Zeitpunkt gemacht, beispielsweise innerhalb eines Wortes oder an einer unpassenden Stelle im Satz, so ist der Sinn des Gesagten „auseinandergerissen". Für den Zuhörer ist es teilweise schwierig, die Bedeutung der Äußerung zu erschließen.

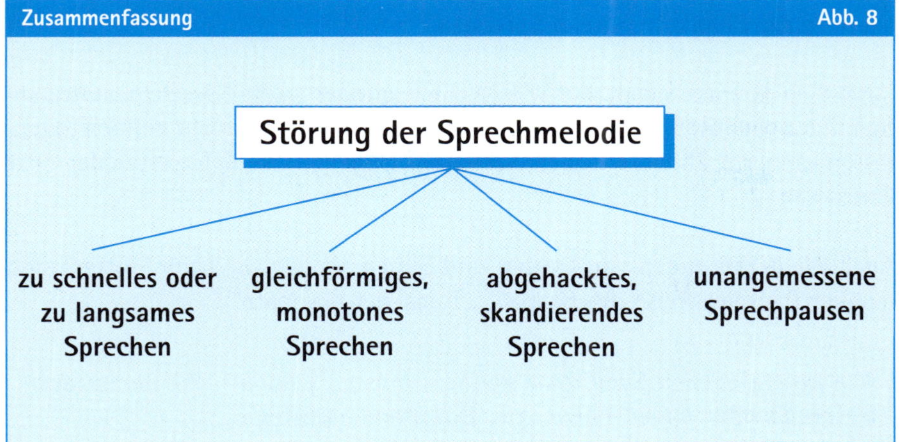
Zusammenfassung
Abb. 8
Störung der Sprechmelodie
zu schnelles oder zu langsames Sprechen
gleichförmiges, monotones Sprechen
abgehacktes, skandierendes Sprechen
unangemessene Sprechpausen

Weitere Auffälligkeiten beim Sprechen

Zusätzlich können Symptome wie **Mitbewegungen** beim Sprechen auftreten. Das sind **unbeabsichtigte Bewegungen**, die der Betroffene nicht einfach unterlassen kann, z.B. Zähneknirschen, Schnalzen, Augenzwinkern, Naserümpfen oder Grimassen.

Auch **Wiederholungen von Lauten und Silben** ähnlich wie beim Stottern sind möglich (beispielsweise „Ba-Ba-Ball", „Toma-ma-ma-mate").

Alle beschriebenen Symptome können, müssen jedoch nicht immer auftreten. Es gibt immer individuelle Symptomenmuster.

Die Folgen einer Dysarthrie für den Betroffenen

Die **Folgen der dysarthrischen Störungen** sind dann vor allem in drei Bereichen zu bemerken:

1. Die Betroffenen werden von den Angesprochenen **nicht verstanden**, weil die Rede zu undeutlich, zu verwaschen oder sonst in irgendeiner Weise abweichend ist. Das ist für die Person mit Dysarthrie frustrierend, aber natürlich auch für die Zuhörer.

2. Die Betroffenen haben eine **auffällige, unnatürliche Sprechweise**, so dass die Umgebung oft sehr seltsam reagiert.

3. Die Betroffenen werden oft in der Öffentlichkeit **stigmatisiert**, man weicht aus, und es werden die seltsamsten Vermutungen angestellt, welche Krankheit denn die Person mit Dysarthrie hätte, und oft wird auf eine Geisteskrankheit getippt. Das ist für die Betroffenen, die ja alles verstehen und klar mitbekommen, demütigend und führt oft dazu, dass sie sich aus der Öffentlichkeit zurückziehen.

Wodurch wird eine Dysarthrie verursacht?

Das Gehirn ist ein komplexes Gebilde, das aus verschiedenen Teilen besteht, welche unterschiedliche Aufgaben haben. Versorgt wird das Gehirn über das Blut, das den für das Funktionieren notwendigen Sauerstoff transportiert. Eine Vielzahl von Nervenzellen und Nervenbahnen bildet ein komplexes Gebilde, das unserem Verhalten zugrunde liegt. Auch die Nerven, welche die Sprechmuskulatur versorgen, haben ihren Ursprung im Gehirn.

Wenn bei einer Hirnverletzung die Nerven verletzt werden, welche die Sprechmuskulatur und den Kehlkopf versorgen, kann es zu einer Dysarthrie kommen. Die Betroffenen sind dann nicht mehr in der Lage, ihre Sprechmuskulatur und ihren Kehlkopf in der gewohnten (normalerweise unbewussten) Weise zu steuern.

Was sind jetzt die Ursachen solcher Hirnverletzungen? Die häufigste Ursache ist ein **Schlaganfall.** Hierbei handelt es sich um eine plötzliche Durchblutungsstörung im Gehirn, die zum Absterben von Nervenzellen im Gehirn führt. Ursache hierfür kann die **Verstopfung eines Blutgefäßes** entweder durch einen **Thrombus**

Abb. 9

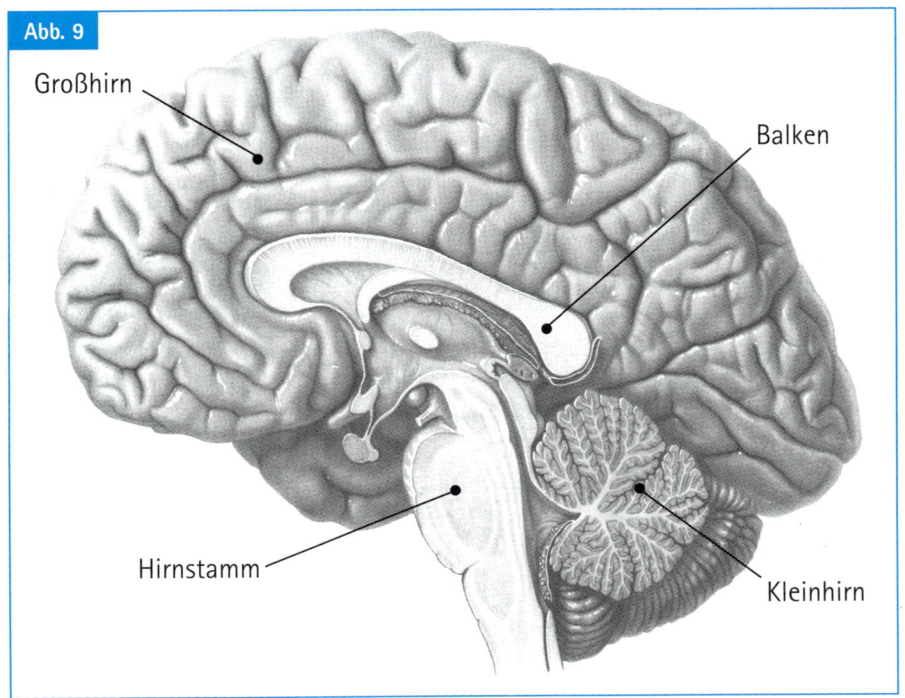

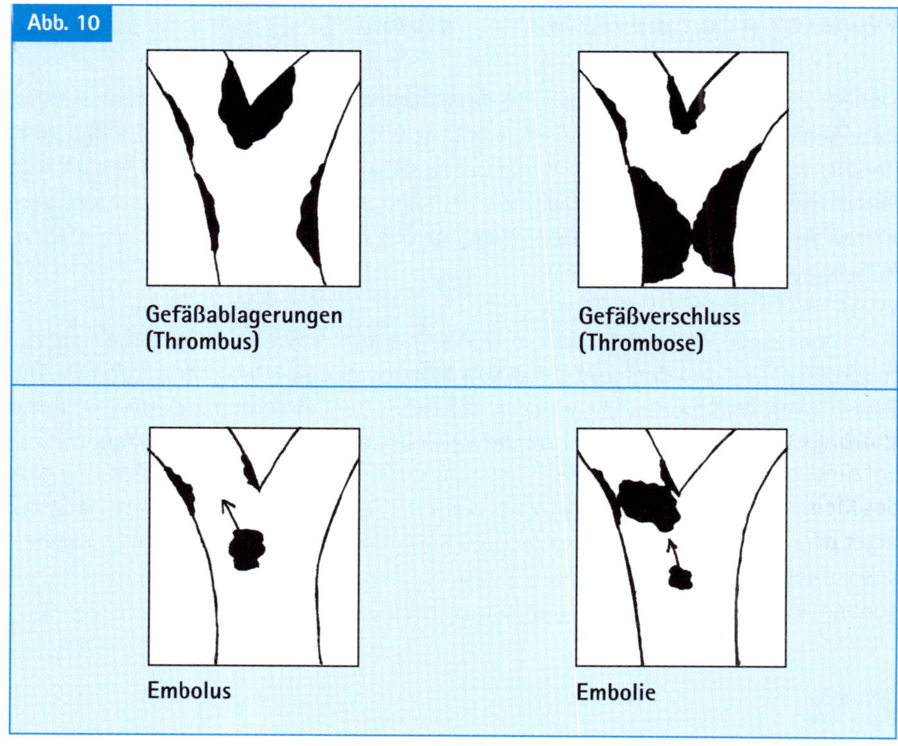

(= ein Blutpfropf, der ein Blutgefäß verschließt) oder einen **Embolus** (= gelöster Teil eines Blutgerinnsels aus einer anderen Körperregion, z.B. Herz oder Halsschlagader) sein.

Eine weitere Ursache sind **Hirnblutungen**. Aufgrund von Bluthochdruck, der die Gefäßwände schwächt, oder auch durch Gefäßmissbildungen zerreißt ein Blutgefäß im Gehirn. Das Blut fließt in das eigentlich gesunde Hirngewebe und zerstört dort die empfindlichen Hirnzellen. Durch die Blutung entsteht außerdem ein erhöhter Druck im Kopf, da das Blut nicht so schnell wieder abfließen oder abgebaut werden kann. Dieser Druck kann zusätzlich zur Quetschung des Gehirns führen, und es entstehen weitere Verletzungen.

Schlussendlich kann es durch ein **Schädel-Hirn-Trauma** (z.B. durch einen Autounfall oder einen Sturz auf den Kopf) zur Unterbrechung von Nervenbahnen oder zur Quetschung des Gehirns kommen. Typisch bei einem Schädel-Hirn-Trauma sind eine Vielzahl kleiner Geweberisse im Gehirn, die durch den Aufprall entstehen. Um das Geschehen genauer zu erläutern, soll es an einem Beispiel beschrieben werden. Wenn man in einem fahrenden Bus steht, wird man beim Anfahren und (vor allem) beim Abbremsen in Bewegung versetzt. Ähnliches passiert, wenn bei einem Aufprall das Gehirn im Schädel durch die rasanten Geschwindigkeitsänderungen in Bewegung versetzt wird und sich verschiebt. Es wird vor allem vorn im Stirnbereich und hinten im Nacken gequetscht. Weiterhin werden viele kleine Nervenbahnen überall im Gehirn zerrissen. Die Verletzungen sind also nicht nur an einem bestimmtem Ort (wie z.B. beim Schlaganfall) zu finden, sondern sie sind sehr diffus. Die Folgen eines Schädel-Hirn-Traumas können in ihrer Art sehr vielfältig und verschieden sein.

Auch bei den nachfolgenden **neurologischen Erkrankungen** kann neben anderen Symptomen auch eine Dysarthrie auftreten: Parkinson-Syndrom, Chorea Huntington, Amyotrophe Lateralsklerose, Multiple Sklerose, Muskeldystrophie, entzündliche Erkrankungen des Gehirns (Meningitis, Enzephalitis), Erkrankungen des Kleinhirns (Friedreich-Ataxie), Hirntumor. Diese Ursachen sind insgesamt weniger häufig als Schlaganfälle, Hirnblutungen und Schädel-Hirn-Traumen. Thema des vorliegenden Ratgebers sind vor allem Dysarthrien, die aufgrund der zuletzt genannten Ursachen entstanden sind.

Welche Probleme können zusätzlich zur Dysarthrie auftreten?

In Abhängigkeit von Ort, Art und Ausmaß der Verletzung im Gehirn können noch weitere Probleme auftreten:

- Sensibilitätsstörungen
- Halbseitenlähmung (→ Hemiplegie oder → Hemiparese)
- Kau- und Schluckstörung (→ Dysphagie)
- Sprachstörung (→ Aphasie)
- Aufmerksamkeits- und Gedächtnisstörung
- Antriebstörung
- Sehstörung (→ Hemianopsie)

Bisher wurden nur die Störungen der Motorik (Bewegung) beschrieben. Genauso kann aber neben der Motorik auch die **Sensibilität** (das Gefühl) in den betroffenen Körperregionen vermindert oder vollständig verschwunden sein. Zum Beispiel hat man in der Wange ein Gefühl, als hätte man beim Zahnarzt eine Betäubungsspritze bekommen, oder die Wange ist völlig taub. Dadurch bemerkt der Betroffene beispielsweise auch nicht, wenn Speichel aus dem Mund läuft oder noch Speisereste in der Wangentasche liegen.

Die Bewegungs- und Sensibilitätsstörung kann auch die gesamte Gesichtshälfte betreffen. Das kann dazu führen, dass die Stirn auf dieser Seite nicht mehr gerunzelt, ein Auge nicht mehr vollständig geschlossen, die Nase nicht gerümpft und die Lippen weder gespitzt noch breit gezogen werden können. Die beiden **Gesichtshälften sind nicht mehr symmetrisch** („schiefes Gesicht").

Es können auch **Lähmungen einer gesamten Körperhälfte (Hemiplegie)** auftreten. Möglicherweise ist ein Arm oder ein Bein stärker betroffen. Dann spricht man von einer **Hemiparese** (eine unvollständige Lähmung einer Körperhälfte).

Unter **Kau- und Schluckstörungen** fasst man alle Schwierigkeiten zusammen, die beim Essen auftreten können. Der Betroffene hat Probleme, die Speisen zu zerkauen und im Mund zu transportieren, weil die Beweglichkeit der Lippen und Zunge eingeschränkt ist. Selbst den Speichel im Mund zu bewegen und herunterzuschlucken kann schwierig sein. Wenn die Sensibilität im Mundbereich und im Rachenraum bis hin zum Kehlkopf und zur Speiseröhre vermindert ist, können Speichel, flüssige, breiige oder feste Nahrung nicht sicher hinuntergeschluckt werden. Man verschluckt sich und muss stark husten. Das **heftige Husten** (der Hustenreflex) ist ein Schutzmechanismus, der verhindern soll, dass Nahrung in die Luftröhre gelangt. Bei sehr ausgeprägten Störungen kann es jedoch vorkommen, dass der Hustenreflex nicht mehr funktioniert. Es besteht die Gefahr, dass die Speise in die Luftröhre und somit in die Lunge gelangt (→ **Aspiration**). Die gleiche Gefahr ist vorhanden, wenn der Hustenreflex zwar ausgelöst wird, der Betroffene jedoch nicht kräftig genug husten kann, um die Nahrung, die Flüssigkeit oder den Speichel durch den Hustenstoß aus dem Kehlkopf herauszutransportieren.

Wenn das Schlucken nicht kurze Zeit nach dem Ereignis wieder ungestört ablaufen kann, muss die **Ernährung über eine Sonde**, die von der Nase aus über die Speiseröhre in den Magen führt, erfolgen. Bei lang andauernden Schluckstörungen wird der Betroffene über eine Magensonde mit Nahrung versorgt. Diese Sonde geht durch die Bauchdecke in den Magen, da ein Schlauch in der Speiseröhre über längere Zeit zu Entzündungen führen würde.

Wenn zusätzlich zur Dysarthrie noch eine **Sprachstörung (Aphasie)** auftritt, hat der Betroffene außer den dysarthrischen Symptomen auch Schwierigkeiten, gesprochene und geschriebene Sprache zu verstehen. Der Sinn des Gesagten oder Gelesenen kann dann nicht oder nur unvollständig erfasst werden. Lange Sätze können viel schwerer verstanden werden als kurze und einfach strukturierte Sätze. Weiterhin bereitet es Schwierigkeiten, die Gedanken in Worte zu fassen und Sätze zu formulieren. Es treten Wortfindungsstörungen auf. Das äußert sich darin, dass beispielsweise Gegenstände nicht mehr benannt werden können. Es ist zu beobachten, dass der Betroffene in diesem Fall Wörter benutzt, die es in der Muttersprache gar nicht gibt (Krüte = Kerze oder Tis = Tisch). Für den Zuhörer oder Leser kann es schwierig sein, zu erkennen, was der Betroffene ihm mitteilen möchte. Denn auch die richtige Schreibweise von Wörtern kann problematisch sein. Zu beachten ist, dass diese Sprachschwierigkeiten nicht durch eine Intelligenzminderung verursacht werden. Wenn Aphasie und Dysarthrie gemeinsam auftreten, kommen Symptome beider Störungsbilder vor.

In frühen Stadien der Erkrankung (typischerweise bei Schädel-Hirn-Trauma) ist es möglich, dass der Betroffene an **Beeinträchtigungen von Aufmerksamkeit und Gedächtnis** leidet. Er kann nicht genau erzählen, was mit ihm passiert ist, und ist schlecht zu Ort und Zeit orientiert. Es kann auch vorkommen, dass er nur wenige Angaben zur eigenen Person und zur Familie machen kann. Weiterhin geraten viele Dinge recht schnell wieder in Vergessenheit, vor allem dann, wenn es sich um nur kurz zurückliegende Ereignisse handelt. Außerdem kann sich der Betroffene nicht lange auf Aufgaben konzentrieren und ist schneller müde.

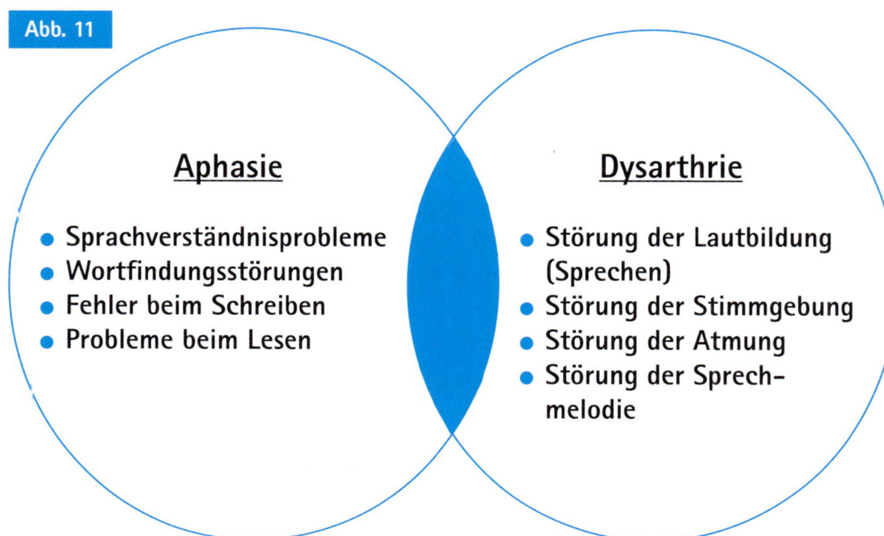

Möglicherweise verwundert es Angehörige, dass Handlungen der Betroffenen im Vergleich zu früher verlangsamt sind. Gerade nach einem Schädel-Hirn-Trauma ist eine sogenannte **Antriebsstörung** typisch und auf die Gehirnverletzung zurückzuführen. Die Informationen werden im Gehirn aufgrund der zahlreichen zerrissenen Nervenbahnen „umgeleitet". Es dauert dann natürlich länger, bis die Informationen ihre Ziele erreicht haben. Daneben existiert eine Vielzahl anderer Mechanismen im Gehirn, die einem Menschen den nötigen Antrieb verschaffen, um tätig zu sein. Diese sind möglicherweise auch aus dem Gleichgewicht geraten. Manche Betroffene sind sehr schläfrig oder können sich nicht mehr auf länger andauernde Tätigkeiten konzentrieren.

Es kann aber auch zu einem erhöhten Antrieb kommen. Der Betroffene ist sehr unruhig, aufgewühlt und fahrig. Das passiert, wenn Impulse vom Gehirn nicht in ausreichendem Maße unterdrückt werden.

Wenn die Sehbahn oder Gebiete in der Hirnrinde verletzt werden, die für das Sehen wichtig sind, treten **Einschränkungen beim Sehen** auf. Diese machen sich beispielsweise dadurch bemerkbar, dass bestimmte Dinge, die sich eigentlich im Sehfeld befinden, für die Person nicht mehr zu sehen sind. Das kann sich auf die gesamte Hälfte oder auch nur auf ein Viertel des Sehfeldes beziehen. Die Anpassung einer Brille hat in diesem Fall wenig Sinn, da das Auge nicht die Ursache für diese Beeinträchtigung ist. Es ist jedoch möglich, Strategien zu entwickeln, um sich damit zu arrangieren. Beispielsweise kann man bestimmte Augenbewegungen

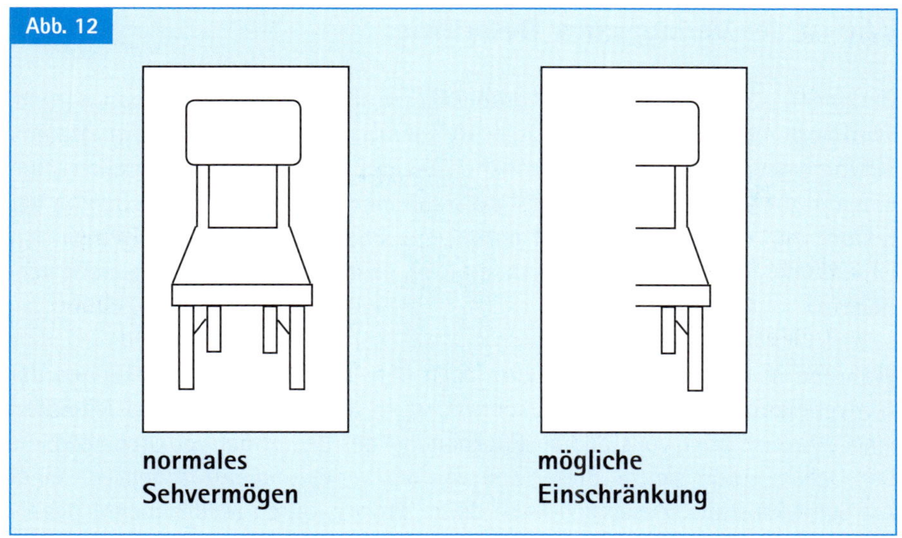

üben, um das Sehfeld zu erweitern. Weiterhin ist es möglich, durch das Markieren von Zeilenanfang und Zeilenende das Lesen einfacher zu gestalten.

Wie ist der Verlauf einer Dysarthrie?

Bei einer Dysarthrie ist der Verlauf grundsätzlich abhängig vom Entstehungsgrund. Wird sie durch einen Schlaganfall, eine Hirnblutung oder ein Schädel-Hirn-Trauma hervorgerufen, kann man den Krankheitsverlauf in zwei Phasen einteilen. Zum einen in die **akute Phase** (ungefähr bis zu einem halben Jahr nach Beginn der Erkrankung), zum anderen in die **chronische Phase**. Beiden Phasen gemeinsam ist, dass die Symptome der Dysarthrie gleich bleiben oder sich im Ausmaße verringern.

Während in der **akuten Phase** kurz nach dem Ereignis die Auswirkungen der Hirnverletzung sehr global sein können, ist in den folgenden **sechs Monaten** eine teilweise oder vollständige Rückbildung der Beeinträchtigungen möglich. Das Gehirn erholt sich in dieser Zeit von der Verletzung, sozusagen von einer Art Schockzustand. Zusätzlich kann dieser Prozess durch Medikamente positiv beeinflusst werden. Wichtig für die Unterstützung der Rückbildung ist auch ein schneller Beginn von therapeutischen Maßnahmen (z.B. → Physiotherapie, → Sprachtherapie, → Ergotherapie, → Neuropsychologie).

Abb. 13

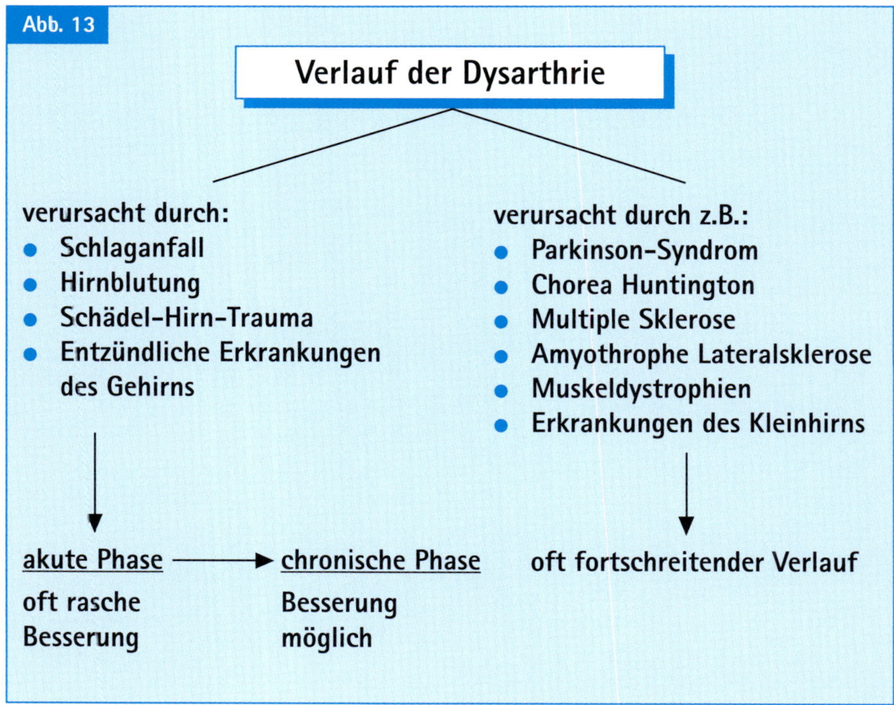

In der **chronischen Phase**, die in den meisten Fällen dauerhaft besteht, ist eine weitere Verringerung der noch verbliebenen Beeinträchtigungen durchaus möglich. Hier spielen Dinge wie beispielsweise das Alter des Betroffenen, der Umfang der Hirnverletzung, der gesundheitliche Zustand vor dem Ereignis und die Motivation zum täglichen Üben eine entscheidende Rolle im Genesungsprozess. Sprachtherapie ist eine wichtige und sinnvolle Maßnahme in der chronischen Phase, auch noch Jahre nach dem auslösenden Ereignis.

Bisher wurde der Verlauf einer Dysarthrie nach Schlaganfall, Hirnblutung und Schädel-Hirn-Trauma charakterisiert. Im Gegensatz dazu sind Dysarthrien, die beispielsweise durch ein langsames Absterben von Hirnzellen (z.B. beim Parkinson-Syndrom) verursacht werden, in ihrem Verlauf hier nicht einzuordnen, weil sie auch progressiv (fortschreitend) sein können. Eine akute und chronische Krankheitsphase kann man in diesen Fällen nicht beschreiben. Vielmehr bestimmt die Art der Grunderkrankung die Prognose der Dysarthrie. Therapeutische Maßnahmen sind jedoch auch hier sinnvoll, um beispielsweise bei einem fortschreitenden Prozess leistungserhaltend zu intervenieren.

Wie verarbeitet man ein Ereignis wie eine chronische Krankheit?

Ein Ereignis wie ein Unfall oder ein Schlaganfall kommt unerwartet und überraschend. Man ist darauf nicht vorbereitet, und man steht ganz plötzlich vor einer neuen Situation. Vieles ist über Nacht ganz anders als vorher. Für den Erkrankten und auch für die Angehörigen verändert sich das Leben von einem Tag auf den anderen gewaltig. Es müssen erst Lösungen gefunden werden, um die neuen Lebensumstände zu bewältigen. Gedanken über die Zukunft kreisen zwar im Kopf, vieles bleibt aber dennoch unklar. Neue, oft ungewohnte Wege müssen eingeschlagen werden, um sich mit den Veränderungen zu arrangieren.

Die Mitmenschen und Angehörigen beeinflussen die Krankheitsverarbeitung des Betroffenen in umfassender Weise. Gerade am Anfang (aber natürlich auch später) ist die Mithilfe der Angehörigen von großer Bedeutung. Bei dem einen ist das Umfeld gleich hilfreich zur Stelle und schafft schnell optimale Bedingungen. Ein anderer Betroffener hat unter Umständen keine Angehörigen im näheren Umfeld, welche ihn unterstützen könnten. Zwar sind die Angehörigen normalerweise voll guter Absichten und wollen dem Betroffenen natürlich helfen, dennoch haben auch die Angehörigen mit der neuen Situation oft Schwierigkeiten. Dies gesteht man sich nicht immer ein, und man hat dann oft ein schlechtes Gewissen, wenn man sich beispielsweise über den Betroffenen ärgert. Wichtig ist zu erkennen, dass die Akzeptanz einer Krankheit, ob die eigene oder die einer anderen Person, ein langer und mühsamer Prozess ist. Diese Zeit der sogenannten **Krankheitsverarbeitung**, in der man sich als Betroffener oder Angehöriger mit einschneidenden Veränderungen auseinandersetzt, wird in der Fachliteratur in bestimmte Phasen eingeteilt. Offensichtlich reagieren viele Menschen ähnlich in solchen Situationen, obwohl es schon auch große, vor allem zeitliche Unterschiede gibt, wie man mit den Ereignissen umgeht. Während der eine Mensch schnell von einer Phase in die nächste übergeht, ist die Zeitspanne bei einer anderen Person größer. Auch ein mehrfaches Durchlaufen einzelner Phasen ist möglich. Das ist recht verständlich,

wenn man sich überlegt, dass jeder Mensch andere Lebenserfahrungen vor dem Ereignis gesammelt hat. Mussten schon viele Krisen im Leben bewältigt werden, ist vielleicht mehr Vertrauen vorhanden, es dieses Mal auch wieder zu schaffen.

Phasen der Krankheitsverarbeitung

Kurz nach der Erkrankung denken Betroffene und Angehörige nicht an die möglicherweise langfristigen Folgen der Krankheit. Sie sind davon überzeugt, dass die Krankheit geheilt werden kann und sich der **alte Gesundheitszustand** wieder einstellt. Krankheitsfolgen werden eher verdrängt als durchdacht.

Dann wird erkannt, dass die Folgen der Hirnverletzung nicht von heute auf morgen verschwinden werden, sondern dass es sich um ein langfristiges Problem handelt. Der Erkrankte und Angehörige sehen die Folgen und vor allem Schwierigkeiten im Alltag deutlich auf sich zukommen. **Ratlosigkeit, Verzweiflung** oder auch **Wut und Aggressionen** sind oft die Folge.

Daraus entwickeln sich im Verlauf sehr intensive Gefühle. **Mutlosigkeit und Verzweiflung** machen sich breit und trüben die Stimmung. Unter Umständen können **Depressionen** auftreten, die es dem Erkrankten und den Angehörigen erschweren, aktiv nach Wegen zu suchen, welche die Situation wieder verbessern könnten. Da die Depressionen als Reaktion auf die Erkrankung auftreten, werden sie auch als reaktive Depressionen bezeichnet. Ist die Depression über einen langen Zeitraum stark ausgeprägt, gibt es Möglichkeiten der Behandlung und ein Gang zum Arzt empfiehlt sich. Für Betroffene sind in Bezug auf die Therapien und deren Erfolg hohe Motivation und Bereitschaft wichtig. Diese kann jedoch bei einer unbehandelten, länger andauernden Depression stark verringert sein. Bei Angehörigen kann es dann dazu kommen, dass die familiäre Situation noch schwieriger wird.

In der letzten und erstrebenswerten Phase der Krankheitsverarbeitung wird die Situation realistisch eingeschätzt, werden **die Veränderungen akzeptiert** und die Lebensgewohnheiten an die krankheitsbedingten Einschränkungen angepasst. Jetzt ist eine **aktive Auseinandersetzung mit der Erkrankung** und den daraus resultierenden Problemen möglich. Kompromisse werden eingegangen und Alternativen werden in den Alltag übernommen. Alle Beteiligten versuchen sich bestmöglich mit der Erkrankung zu arrangieren.

Was sich hier so leicht schreibt, mag für den Einzelnen ein langer und schwieriger Weg sein. Beachten sollte man, dass es nur natürlich ist, dass man zwischendurch einmal den Kopf hängen lässt.

Krankheitsverarbeitung der Betroffenen und Angehörigen

Phase der Krankheitsverarbeitung	Wesentliche Charakteristika	Typische Äußerungen
Verleugnung und Verdrängung der Krankheitsfolgen ↓	- Überzeugung, dass alter Gesundheitszustand wieder erreicht wird - Konzentration auf die Minderung der körperlichen Einschränkungen	• „Das wird schon wieder werden." • „Es ist alles nur halb so schlimm."
Ausbruch von Wut und Aggressionen ↓	- tatsächliches Ausmaß der Hirnverletzung und ihrer Folgen wird erkannt - Verzweiflung, Ratlosigkeit, Aggressionen, Frustration, Wut und das Gefühl der Ohnmacht treten auf - ein „Ventil" zum Ausleben der Gefühle wird gesucht	• „Das kann doch nicht wahr sein!" • „Warum denn gerade ich?!"
„Intensive Gefühle" Trauer, Depression ↓	- Mutlosigkeit, Ernüchterung, Verzweiflung, Traurigkeit und unter Umständen auch Depressionen können auftreten - Überforderung und Existenzangst der Angehörigen ist möglich	• „Mir kann doch sowieso niemand mehr helfen." • „Jetzt ist ja doch alles zu spät." • „Warum soll ich mich denn noch bemühen?" • „Es hat doch alles keinen Sinn mehr."
Annahme und Umdenken	- realistische Betrachtungsweise der Situation - langsame Akzeptanz und aktive Auseinandersetzung mit der Erkrankung und den daraus resultierenden Problemen - Orientierung an den Bedürfnissen der gesamten Familie und Anpassung der Lebensgewohnheiten	• „Ich werde das schon schaffen!" • „Ich muss es so nehmen, wie es ist!" • „Ich mache das Beste daraus." • „Es wird schon weitergehen!"

Wie kann eine Dysarthrie behandelt werden?

Dysarthrien an sich kann man mittels Sprachtherapie (→ Logopädie) behandeln. Wir wissen, dass qualifizierte Therapien zu einer Verbesserung der Leistungen führen können. Im Folgenden soll kurz der Inhalt einer Sprachtherapie dargestellt werden.

Was wird in der Sprachtherapie geübt?

Anhand des ersten Gesprächs mit dem Patienten und der Untersuchungsergebnisse macht sich der Therapeut ein Bild darüber, wo die hauptsächlichen Probleme bestehen. Danach richten sich im weiteren Verlauf die Therapie-Inhalte. Ziel ist eine **Verbesserung der Kommunikationsfähigkeit** im Alltag, die durch Abbau der dysarthrischen Symptome oder das Erlernen von Kompensations- bzw. Ersatzmechanismen erreicht werden kann.

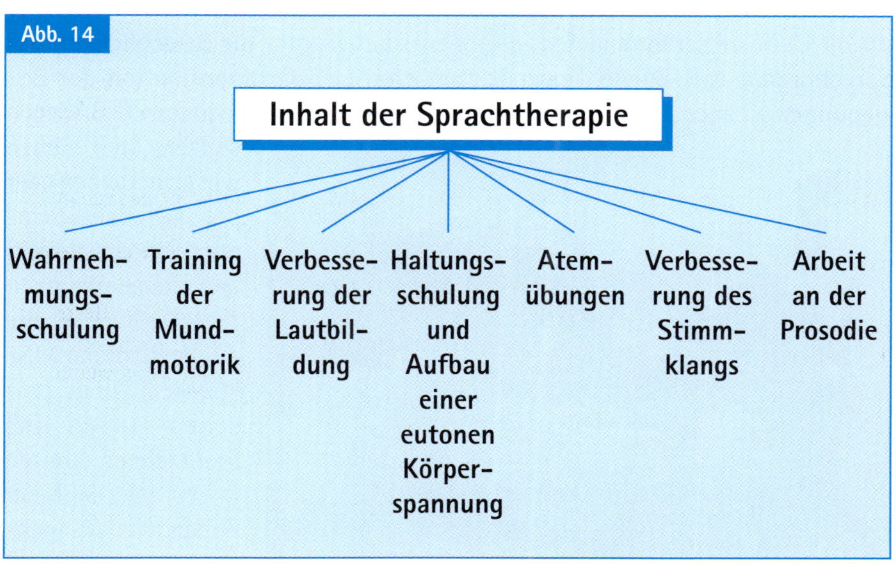

Wahrnehmung

Bevor an der Reduzierung der dysarthrischen Symptome gearbeitet werden kann, muss der Betroffene in der Lage sein, seine Defizite wahrzunehmen und zu erkennen. Das Ziel bei der Arbeit an der Wahrnehmung ist also, das Normale vom Krankhaften unterscheiden zu können. Zum Beispiel: Einem Betroffenen fällt es schwer, seine eigene Stimme zu beurteilen. Er kann nicht hören, wenn sie sehr hoch oder rau klingt. Eine Möglichkeit, um dem Betroffenen den Stimmklang zu verdeutlichen, ist eine Tonbandaufnahme. Wird sie ihm dann vorgespielt, kann er die Veränderung des Stimmklangs feststellen. Damit ist die Grundlage zur Arbeit an einer Verbesserung der Stimme geschaffen. **Wahrnehmungstraining** kann bei der Behandlung einer Dysarthrie **in allen Störungsbereichen** durchgeführt werden (Haltung, Körperspannung, Atmung, Stimmgebung, Prosodie, Lautbildung). Die Wahrnehmung bildet immer die Basis für Arbeit an den Symptomen, denn ohne Einsicht ist selten Motivation zum Üben vorhanden noch kann man gezielt üben.

Mundmotorik

Beim Sprechen sind ungefähr einhundert Muskeln aktiv, deren Bewegungen genau koordiniert werden müssen. Das fällt Menschen mit einer Dysarthrie aufgrund der Verletzung im Gehirn sehr schwer und muss daher **ausdauernd geübt** werden.

Um die Laute besser formulieren zu können, ist es wichtig, **die Beweglichkeit der Sprechorgane** (z.B. Zunge, Lippen, Unterkiefer) und **die Koordination der Bewegungen** zu üben. Dazu werden beispielsweise Lippenbewegungen (z.B. Lippen spitzen, breit ziehen wie beim Lachen oder die Wechselbewegung von spitz zu breit) und Zungenübungen (beispielsweise die Zunge Richtung Nase strecken, Zunge zwischen Lippen und Frontzähnen kreisen lassen oder mit der Zunge die Wangentaschen ausstreichen) durchgeführt. Durch das Aneinanderreihen

von verschiedenen Bewegungen im schnelleren Wechsel wird das Koordinieren trainiert.

Diese Übungen wirken im ersten Moment oft komisch. Der Betroffene soll „Grimassen schneiden", und das soll auch noch helfen! Wenn jedoch der Sinn der Übungen verstanden wird, ist das Ganze keine alberne, peinliche oder kindische Angelegenheit.

Weiterhin muss in bestimmten Fällen die Muskulatur im Mund- und/oder Gesichtsbereich gekräftigt werden. **Kräftigungsübungen** der Zunge können beispielsweise mit Hilfe von Druckaufbau gegen einen Mundspatel oder gegen den Gaumen durchgeführt werden. Auch durch Schnalzen oder durch das Sprechen von „t" und „k" (z.B. ta ta ta, ke ke ke sowie Wörter, Sätze, Zungenbrecher mit „t" und „k") kann die Zungenmuskulatur gekräftigt werden.

Auch das **Gespür im Mund- und Gesichtsbereich** kann verändert sein, so dass nicht nur das Sprechen sondern auch, wie bereits erwähnt, das Kauen und Schlucken beeinträchtigt sind. Deshalb werden in der Sprachtherapie oftmals **Sprechübungen und Schlucktraining parallel** durchgeführt. Beispielsweise kann eine größere Menge an Speichel im Mund die Lautbildung und somit die Verständlichkeit bei einer nur leicht dysarthrischen Störung maßgeblich beeinträchtigen. Für den Betroffenen ist es problematisch, diese Speichelansammlung rechtzeitig zu spüren und hinunterzuschlucken. Mit einer besseren Sensibilität kann der Speichel schneller wahrgenommen und geschluckt werden. Das beeinflusst die Lautbildung positiv und erhöht die Verständlichkeit enorm. Die gebräuchlichsten Formen zum Regulieren der Sensibilität im Mund- und Gesichtsbereich sind beispielsweise Eis- oder Wärmebehandlung und das Setzen von Geschmacksreizen (sauer, süß, bitter).

Lautbildung (Artikulation)

Wenn die allgemeinen Bewegungsübungen im Mundbereich gut ausgeführt werden können, ist die Grundlage zum **gezielten Üben von Lauten**, welche die größten Schwierigkeiten bereiten, geschaffen. Beispielsweise kann das „p" nicht korrekt gebildet werden, da die Lippenmuskulatur auf einer Seite des Gesichts noch geschwächt ist. So entweicht die Luft ständig auf dieser Seite, bevor der Laut ausgesprochen wird, weil durch den fehlenden Lippenschluss kein Druck aufgebaut werden kann. Das „p" wird zuerst allein, danach in Silben (*pa, pu, pe*), in Wörtern (*Post, Panne, Puppe*), in Wortgruppen (*von Pontius zu Pilatus*), Sätzen, Gedichten, Lesetexten und letztendlich beim spontanen Sprechen geübt.

Haltung und Körperspannung

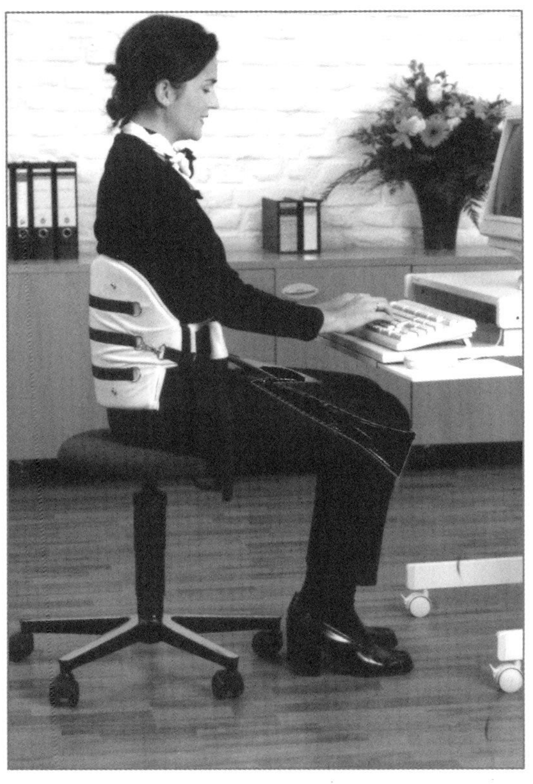

Es mag auf den ersten Blick vielleicht seltsam erscheinen, doch Haltung und Körperspannung (→ Muskeltonus) spielen eine wichtige Rolle bei der Therapie einer Dysarthrie. Einerseits wird durch eine aufrechte Haltung und ausgewogene Körperspannung die Grundlage für eine optimale Atemfunktion geschaffen. Andererseits übertragen sich die aufrechte Haltung und die ausgewogene Körperspannung auf den Muskeltonus im Gesichts- und Halsbereich. Dadurch bestehen günstigere Voraussetzungen für die Funktion der am Sprechen beteiligten Muskeln.

Haltungsschulung kann sowohl im Liegen, Sitzen wie auch Stehen durchgeführt werden. Sie ist meist abhängig von Beeinträchtigungen, die durch die neurologische Grunderkrankung entstanden sind. Dazu zählen unter anderem Bewegungseinschränkungen und/oder ein reduziertes Gespür des Rumpfes, der Arme und der Beine, körperlicher Allgemeinzustand und Herz-Kreislauf-Erkrankungen.

Atmung

Für gesunde Menschen ist das Atmen etwas Selbstverständliches und Unbewusstes. Personen mit einer Dysarthrie haben Schwierigkeiten, die Atemluft, die zum Sprechen notwendig ist, in ausreichender Menge aufzubringen und/oder so einzuteilen, dass die Sprechpausen zum Sinn des Gesagten passen. Auch der Stimmklang wird vom Luftstrom und der Bewegung der Stimmbänder im Kehlkopf beeinflusst.

Ein Schwerpunkt bei der Behandlung von Atemfunktionsstörungen ist der **Abbau der Brustatmung und die Verlagerung in den Bauchbereich** (Bauchatmung).

Dafür wird zu Beginn an der **Wahrnehmung** für die Atembewegungen und den Atemrhythmus gearbeitet. Das kann man im Liegen durchführen, indem man die Hand oder ein Buch, ein kleines Kissen etc. auf den Bauch legt und die Atembewegungen sowie den Rhythmus über die Bewegung der Hand oder des Buchs / Kissens spüren kann. Dann werden Übungen zur **Kräftigung der Atemmuskulatur** (Zwerchfell, Atemhilfsmuskulatur) und zur **Dosierung des Ausatemstromes** durchgeführt. Man kann beispielsweise gegen ein dünnes Tuch pusten und es durch die Atemluft in Bewegung versetzen. Weiterhin wird die Atemmuskulatur durch Pusten von Federn oder Watte trainiert. Auch das Ausatmen auf „f", „s" oder „sch" ist eine Methode zur Kräftigung und Dosierung.

Abb. 15

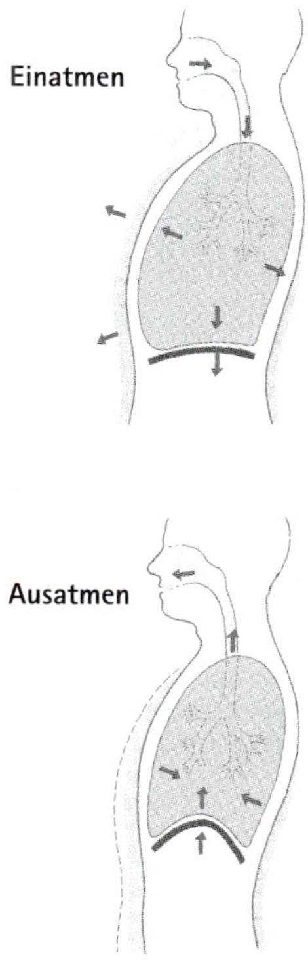

Stimmgebung

Ist die Atemfunktion optimal oder unter ihren krankheitsbedingten Einschränkungen so gut wie möglich erarbeitet, kann die Verbesserung des Stimmklangs angestrebt werden. In Abhängigkeit vom Störungsbild werden verschiedene Methoden angewandt. Um eine leise und verhaucht klingende Stimme zu verbessern, werden **Stimmkräftigungsübungen** (z.B. Stoßübungen, Atemwurf) durchgeführt. Das Prinzip dieser Übungen basiert auf einem ganzkörperlichen Spannungsaufbau, der auf die Kehlkopfmuskeln übertragen werden soll. Auf der anderen Seite kann eine angestrengt klingende, gepresste oder zu hohe Stimme durch **Stimmlockerungsübungen** (Summübungen, Gleittonübungen) in Richtung einer klangvollen und belastungsfähigeren Stimme verändert werden.

In der Therapie beginnt man, die Stimmqualität bei Silben, kurzen Wörtern und Sätzen zu verbessern. Am schwierigsten gestaltet sich die anschließende Übertragung auf das spontane Sprechen, da neben der Stimmgebung auch der Inhalt des Gesagten Konzentration erfordert.

Prosodie

Das Setzen von Akzenten in Wörtern und Sätzen ist durch Variation der Sprechstimme in Lautstärke und Tonhöhe sowie durch Pausengestaltung möglich. Personen mit einer Dysarthrie, denen es nur erschwert möglich ist, diese **Akzente zu setzen**, sprechen monoton. Für den Zuhörer kann es so klingen, als rede der Betroffene in einem gleichförmigen Rhythmus („Leiern").

Um von diesem gleichförmigen Sprechen abzukommen, werden zu Beginn einfache Sätze durch Vor- und Nachsprechen geübt. Weiterhin können **Variationen von Lautstärke und Sprechtempo** mit Hilfe automatisierter Reihen (Zahlen, Wochentage, Monatsnamen) geübt werden. Ein anderer Aspekt ist das Gestalten von Pausen anhand von Sätzen und Texten (Eintragen von Pausenzeichen).

Bei Personen mit einer Dysarthrie kann ein Missverhältnis zwischen artikulatorischen Fähigkeiten und Sprechtempo beobachtet werden. Ein **zu schnelles Spre-**

Abb. 16

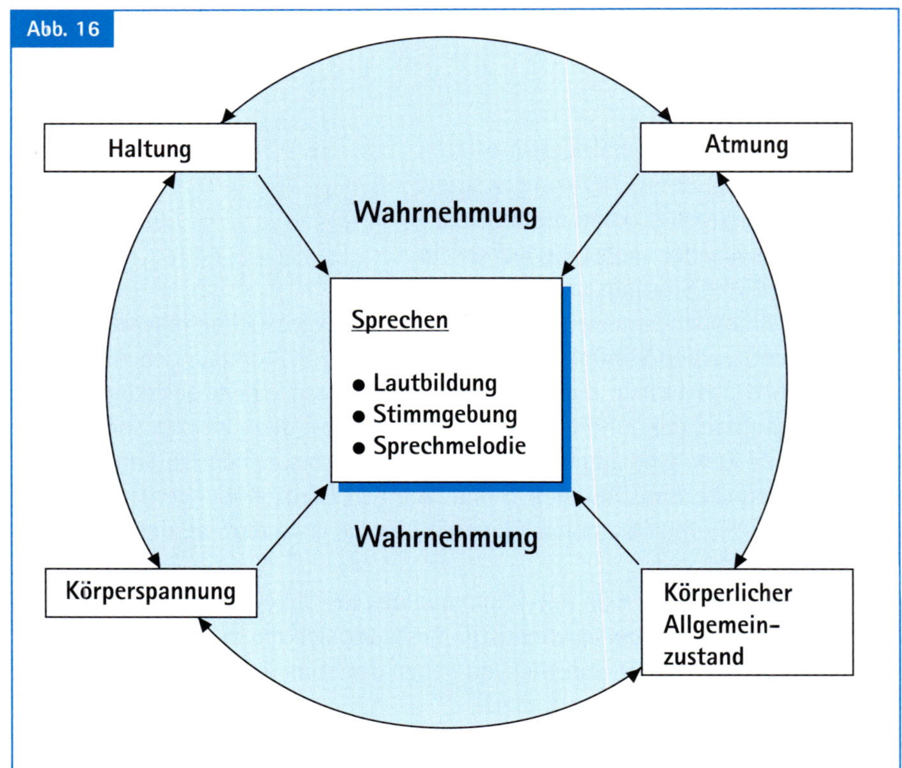

chen führt dann zu Unverständlichkeit. Deshalb ist es wichtig, das Sprechtempo den artikulatorischen Fähigkeiten anzupassen.

Es kann passieren, dass der Betroffene sich seiner **undeutlichen Aussprache nicht bewusst** ist und daher dem Gesprächspartner die Schuld gibt, wenn dieser ihn nicht versteht. Die **fehlende Wahrnehmung** der Sprechstörung seitens des Betroffenen ist für den Therapeuten wie auch für alle Angehörigen problematisch. Aufgabe der Sprachtherapie ist es dann, dem Betroffenen seine Einschränkungen beim Sprechen beispielsweise mit Hilfe einer Tonbandaufnahme aufzuzeigen, um anschließend auf der Basis der Selbsterkenntnis zu arbeiten. Eine Verbesserung der Verständlichkeit ist später durch **eigenständiges Korrigieren** möglich, indem der Betroffene sein Sprechtempo seinen sprecherischen Fähigkeiten anpasst.

Die **Inhalte der Sprachtherapie bei einer Dysarthrie können sehr verschieden sein.** Sie müssen im Zusammenhang mit der Grunderkrankung und deren Symptomen gesehen werden. Wie bereits erwähnt, variieren die Beeinträchtigungen bei jedem Menschen in Abhängigkeit von Ort, Art und Ausmaß der Verletzung im Gehirn. Für die Behandlung ist es deshalb ausschlaggebend, dass die **Inhalte auf jeden Betroffenen persönlich zugeschnitten** sind, um für jede Person mit einer Dysarthrie optimale Übungsbedingungen zu schaffen.

Sprachtherapien können hauptsächlich → **stationär** im Krankenhaus oder → **ambulant** in einer sprachtherapeutischen Praxis durchgeführt werden. Weiterhin besteht die Möglichkeit, während eines → **teilstationären** Aufenthaltes, in Rehabilitations- oder → **Tageskliniken** sprachtherapeutisch betreut zu werden.

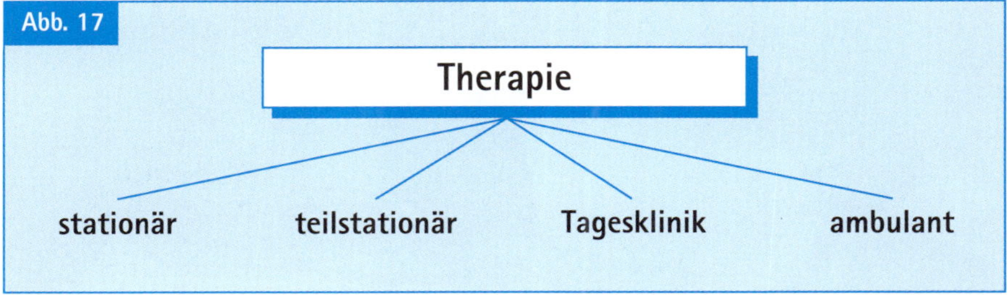

Welche therapeutischen Disziplinen könnten noch in Frage kommen?

Im ersten Kapitel des Ratgebers wurde bereits erwähnt, dass eine Dysarthrie nicht unbedingt die einzige Folge eines Schlaganfalls oder Schädel-Hirn-Traumas darstellt. Auch andere Einschränkungen sind möglich. Deshalb sollen im folgenden Abschnitt andere therapeutische Disziplinen kurz vorgestellt werden.

Weitere therapeutische Disziplinen:

- Physiotherapie / Krankengymnastik
- Ergotherapie
- Neuropsychologie

Die → **Physiotherapie** (Krankengymnastik) hat bei Menschen mit einer Dysarthrie überwiegend Therapieinhalte, die nicht direkt mit der Störung des Sprechens in Verbindung stehen. Der Schwerpunkt liegt vielmehr auf den durch die Hirnverletzung entstandenen **Bewegungs- und Gefühlseinschränkungen** an Armen oder Beinen und den daraus resultierenden Problemen beim Laufen oder der Bewegungskoordination.

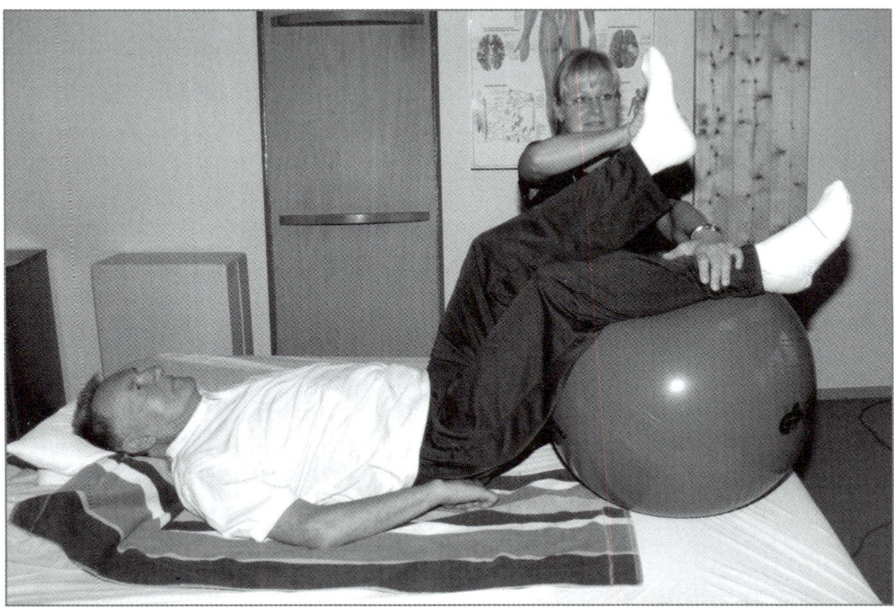

In der → **Ergotherapie** werden **alltägliche und lebensnahe Funktionen** trainiert. Gerade die **feinen Bewegungen der Arme oder Hände** – beispielsweise beim Zähneputzen, Haare kämmen, An- und Ausziehen, Essen und Trinken – werden hier geübt. Auch die feinen Bewegungen beim Schreiben stellen einen Therapieschwerpunkt dar. Eine größere Selbständigkeit im Alltag steht im Vordergrund der Ergotherapie.

Die → **Neuropsychologie** hat zur Aufgabe, Leistungen **wie Gedächtnis, Aufmerksamkeit, Konzentration und Orientierung** zu verbessern. Gerade Hirnverletzungen, deren Ursache ein Schädel-Hirn-Trauma (z.B. durch einen Verkehrsunfall) ist, können Einschränkungen in diesen Bereichen zur Folge haben. Durch neuropsychologische Betreuung werden diese Fähigkeiten wieder trainiert. Weiterhin können Strategien erlernt werden, die dabei helfen sollen, den Alltag zu erleichtern.

Bei der Beschreibung der therapeutischen Disziplinen wurden stets die für das Thema wichtigen Aspekte ausgewählt. Der Anspruch auf Vollständigkeit soll an dieser Stelle nicht erhoben werden.

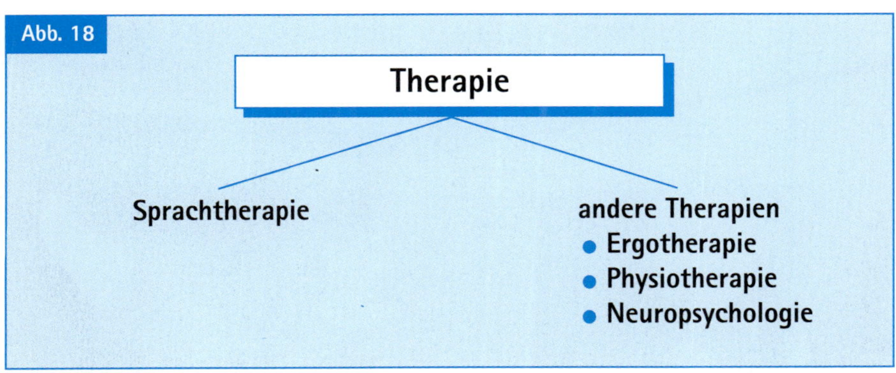

Wie kann ein Angehöriger die Arbeit der Sprachtherapie unterstützen?

Wenn Sie diesen Ratgeber lesen, sind Sie gerade (wieder) dabei, etwas für Ihr betroffenes Familienmitglied oder Ihre betroffenen Freunde zu tun. Wenn Sie mehr über Dysarthrie, Sprachtherapie oder Krankheitsverarbeitung wissen, ist es sicherlich leichter, hilfreiche Aktivitäten zu starten.

Angehörige sollten auf jeden Fall im Bekannten- und Freundeskreis erklären, was eine Dysarthrie ist. Dadurch können Berührungsängste abgebaut werden, und der soziale Kontakt mit dem Betroffenen wird erleichtert. **Aufklärungsarbeit ist eine wichtige Unterstützung**!

Eine große Unterstützung ist natürlich, den Betroffenen zur Sprachtherapie **zu bringen** und dort wieder **abzuholen,** wenn er selbst nicht ausreichend mobil ist oder allein nicht hingehen möchte. Zudem ergibt sich dadurch die Möglichkeit, dass Sie mit dem Sprachtherapeuten in Kontakt kommen können. So können Sie sich bei dem Therapeuten informieren, und auch der Therapeut hat die Gelegenheit, mit Ihnen zu sprechen. Denn für Sprachtherapeuten ist es oft wichtig, die

Angehörigen der Therapierten zu kennen, denn es erleichtert eine optimale Therapieplanung und eine Übertragung des Erreichten in den Alltag.

Natürlich ist es notwendig, **grundlegende Fragen gemeinsam mit dem Betroffenen zu klären**, beispielsweise ob er es wünscht, zu den Terminen bei der Sprachtherapie begleitet zu werden. Auch muss geklärt werden, ob der Betroffene im Gespräch mit Fremden unterstützt werden möchte.

Weiterhin ist für den Sprachtherapeuten der Informationsaustausch mit Angehörigen und Erkrankten in Bezug auf das erfolgreiche **Umsetzen von Geübtem im Alltag** sehr wichtig. Beispielsweise wird in der Therapie am langsameren Sprechen gearbeitet, da so die Verständlichkeit stark verbessert werden kann. In der Übungssituation wird dies vom Betroffenen gut beherrscht. Jedoch fällt es ihm im häuslichen Umfeld sehr schwer, auch ein langsameres Sprechtempo beizubehalten. Das kann der Therapeut nicht wissen, wenn er die Rückmeldung nicht bekommt. Wurde er jedoch darauf aufmerksam gemacht, können weiterführende Übungen durchgeführt werden. Beispielsweise wird das langsame Sprechen bei Telefongesprächen trainiert. Auch ein gemeinsamer Einkauf beim Bäcker gehört zu den Übungen, die Erlerntes im Alltag festigen sollen.

Dass Angehörige den Betroffenen unterstützen sollen, sollte aber nicht so verstanden werden, dass Angehörige als Laien-Therapeuten auftreten. **Ein Angehöriger ist kein Therapeut**, selbst wenn es manchmal möglich erscheint, bestimmte Übungen selbst daheim durchzuführen.

Zu Beginn der Sprachtherapie können Angehörige einen wichtigen Beitrag leisten, indem sie den nachfolgenden **Fragebogen zur Alltagskommunikation** ausfüllen und dem Sprachtherapeuten (in Kopie) zur Verfügung stellen. Hintergrund des Fragebogens ist es, Therapieinhalte so auszuwählen, dass eine **am Alltag orientierte Therapie** stattfinden kann. Hat der Therapeut zusätzliche Rückmeldungen anhand des Fragebogens, dann ist es ihm möglich, einen genaueren Einblick in die **tatsächlichen Auswirkungen der Dysarthrie im Alltag** des Betroffenen zu bekommen und die Therapieziele daran anzuknüpfen.

Fragebogen zur Alltagskommunikation

ausgefüllt von: ______________________________ am: ____________

Beginn der Erkrankung: ______________________________

Herr/Frau: ____________________	nie	manch-mal	häufig	immer
hat regelmäßig kommunikative Anlässe				
mit Angehörigen	0	0	0	0
außerhalb der Familie	0	0	0	0
mit anderen betroffenen Personen	0	0	0	0
mit Unbekannten und Fremden	0	0	0	0
erreicht kommunikative Ziele im Allgemeinen	0	0	0	0
teilt Wünsche und Bedürfnisse mit	0	0	0	0
ist für fremde Personen gut verständlich	0	0	0	0
ist für Personen aus dem alltäglichen Umfeld gut verständlich	0	0	0	0
schätzt seine/ihre Verständlichkeit realistisch ein	0	0	0	0
traut sich weniger zu, als er/sie sprecherisch könnte	0	0	0	0
verbessert oder wiederholt Gesprochenes selbständig noch einmal, wenn es schwer zu verstehen war	0	0	0	0
leidet unter den Problemen beim Sprechen	0	0	0	0

	nie	manch-mal	häufig	immer
Wenn er/sie nicht verstanden wird, dann:				
versucht er/sie es noch einmal	O	O	O	O
schreibt er/sie die Äußerung auf	O	O	O	O
bricht er/sie die Äußerung ab und zeigt Ärger, Aggression etc.	O	O	O	O
bricht er/sie die Äußerung ab und schweigt	O	O	O	O
reagiert er/sie folgendermaßen: ______________________				

Hat der/die Betroffene vor der Erkrankung viel gesprochen? O ja O nein

Spricht der/die Betroffene jetzt weniger als vor der Erkrankung? O ja O nein

Musste der/die Betroffene beruflich viel sprechen? O ja O nein

Klingt die Stimme des/der Betroffenen anders als vor der Erkrankung? O ja O nein

Wenn ja, ist die Stimme:

O höher O tiefer O rauer
O lauter O leiser O heiserer

Welche Interessen und Hobbys hatte er/sie vor dem Ereignis?

____

____

Welchen Interessen und Hobbys geht er/sie seitdem nach?

____

____

Was erleichtert die Kommunikation zwischen Betroffenen und Angehörigen?

Der folgende Abschnitt gibt einige Hinweise, wie Gespräche zwischen Angehörigen und Betroffenen günstig beeinflusst werden können. Die Kommunikation im Alltag wird dann einfacher. Die meisten Ratschläge sind simpel, haben jedoch oft sehr positive Auswirkungen auf die Unterhaltung.

Die Kommunikation wird gefördert durch:
- Blickkontakt zwischen den Gesprächspartnern
- Vermeiden von Störgeräuschen
- Zeit für Gespräche nehmen
- Geduld aufbringen (beiderseits)
- Rückmeldungen geben
- Bemühungen positiv verstärken

An erster Stelle steht der **Blickkontakt**. Nicht nur, dass es unhöflich ist, seine Gesprächspartner nicht anzuschauen, es kann auch zu Missverständnissen führen. Hat der Betroffene große Schwierigkeiten mit der Variation von Tonhöhen, dem Sprechtempo und der Prosodie, klingt das Gesagte recht monoton. Es fällt ihm schwer, bei Fragen die Stimme zu heben oder auch die Bedeutung des Satzes durch bestimmte Betonung auszudrücken. Genauso ist es für den Zuhörer schwer, dies zu erkennen. Durch entsprechenden Blickkontakt können jedoch **Gestik und Mimik** während des Sprechens beobachtet und gedeutet werden. Obwohl Gestik und Mimik bei manchen Personen mit Dysarthrie (z.B. beim Parkinson-Syndrom) eingeschränkt sein können, unterstützen sie trotzdem das Gesagte.

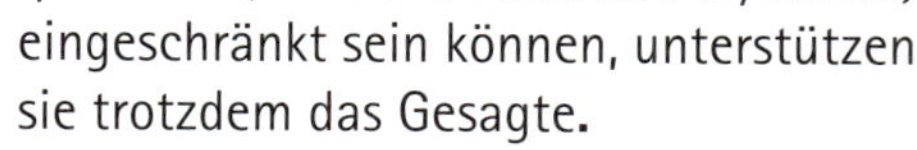

Weiterhin ist der Blickkontakt wichtig, um **das Ende einer Äußerung** des Betroffenen zu erkennen. Beim Sprechen können unangemessen lange und/oder eigentlich unnötige Pausen entstehen, wenn die Atemluft nicht für eine vollständige Sinneinheit ausreicht. So kann es passieren, dass der Gesprächspartner das Wort ergreift, bevor er an der Reihe ist. Durch Blickkontakt kann man leichter erkennen, ob der Sprecher seine Ausführungen beendet hat oder ob er lediglich eine Pause zum Atmen macht. Denkbar unangenehm und frustrierend ist es für jeden, wenn einem der Gesprächspartner ständig ins Wort fällt oder für den Betroffenen das Wort ergreift. **Blickkontakt ist während der gesamten Unterhaltung wichtig!**

Erleichtert wird die Kommunikation durch eine ruhige Atmosphäre. Jede Art von Hintergrundgeräuschen und Lärmquellen sollten minimiert werden. Für Betroffene mit sehr leisen Stimmen ist es natürlich sofort nachvollziehbar, dass eine ruhige Umgebung die Kommunikation erleichtert. Außerdem kann es der Person mit einer Dysarthrie schwer fallen, sich auf das Sprechen zu konzentrieren. In diesem Fall ist es schlecht, wenn Störgeräusche (Fernseher, Radio, ...) im Raum sind. Es sollte bei Gesprächen also immer auf eine ruhige Atmosphäre geachtet werden.

In jeder Hinsicht nehmen Gespräche **mehr Zeit** in Anspruch als vor der Erkrankung – ganz unabhängig davon, ob die Zeit dem deutlicheren Sprechen dient oder ob sie durch ein reduziertes Sprechtempo und viele Sprechpausen benötigt wird. **Sich die Zeit zu nehmen, ist wichtig!**

Betroffene und Angehörige müssen lernen, **viel Geduld** aufzubringen. Häufiges Nachfragen oder Wiederholen gehören oft zur Tagesordnung, wenn die Verständlichkeit gering ist. Man sollte keinesfalls die Unterhaltungen reduzieren, weil man den Betroffenen so schlecht verstehen kann oder weil der Betroffene keine Lust hat, alles mehrere Male zu wiederholen. **Geduld hat einen sehr hohen Stellenwert bei Gesprächen zwischen Betroffenen und Angehörigen.**

Wie bereits erwähnt, ist es möglich, dass den Betroffenen das Bewusstsein für die dysarthrische Störung (z.B. für die undeutliche Aussprache oder das zu schnelle Sprechen) fehlt. **Rückmeldungen** von dem Angehörigen, in denen er die Ursache für die Unverständlichkeit angibt („Ich verstehe dich nicht, weil du zu schnell sprichst"), sind ein sehr hilfreicher und notwendiger Beitrag.

Ist ein Bewusstsein für die Störung vorhanden, sollte der Angehörige **positiv auf die Bemühungen reagieren** und diese somit unterstützen. Dadurch wird der Betroffene zum Ausprobieren von Geübtem im Alltag ermutigt. Weiterhin ist es wichtig, den Betroffenen mit seinen Schwierigkeiten beim Sprechen zu akzeptieren. Nur durch Akzeptanz erfährt der Betroffene wieder Sicherheit in Sprechsituationen und Selbstvertrauen. **Die Annahme der Dysarthrie ist der entscheidende Schritt bei der Krankheitsbewältigung!**

Wo stehe ich als Angehöriger?

Ebenso ist es für eine zufrieden stellende Unterstützung der Person mit einer Dysarthrie enorm wichtig, dass sich Angehörige über ihre eigene Befindlichkeit auch Gedanken machen. Es ist klar, dass man auch als Angehöriger gewaltigen Belastungen ausgesetzt ist, auf die man oftmals mit heftigen Gefühlen reagiert. Eine kleine Hilfestellung bietet der nachfolgende **Fragebogen zur eigenen Befindlichkeit.**

Dieser Fragebogen beinhaltet typische Reaktionen und Gefühle auf Seiten des Angehörigen in Bezug auf die Erkrankung. Denn nicht nur der Betroffene selbst muss neue Situationen bewältigen, sondern auch sein engeres Umfeld. Für den Angehörigen ist es notwendig, sich über die eigene innere Sachlage klar zu werden. Der Fragebogen kann Denkanstöße geben, und Bekanntes kann hier und da wiedergefunden werden. Möglicherweise ist das der erste Schritt zu Offenheit und Ehrlichkeit gegenüber sich selbst. Der Fragebogen ist jedoch nicht für andere bestimmt, sondern für sie selbst. Er soll lediglich dem Selbstgebrauch dienen!

Es ist ganz normal, wenn man sich immer wieder einmal überfordert, erschöpft und unausgeglichen fühlt. Bedenklich ist es, wenn dies ein dauerhafter Zustand ist. Gerade, wenn man auf Dauer Hilfestellungen leisten möchte, ist es wichtig, dass man auch außerhalb der Familie noch soziale Kontakte pflegt und sich über die Probleme und den Alltag austauschen kann. Wenn man sich Entlastung durch andere wünscht, dann sollte man sich überlegen, was genau man sich wünscht und dies denen mitteilen, von denen man es sich wünscht. Viele Menschen sind ja durch eine Person mit einer Dysarthrie stark verunsichert und ziehen sich deshalb zurück. Ein klarer Hinweis, was erwünscht ist, ist da oft sehr hilfreich.

Fragebogen zur eigenen Befindlichkeit

Ich, als Angehörige(r)	nie	manch-mal	häufig	immer
fühle mich mit der Situation überfordert	0	0	0	0
empfinde Kraftlosigkeit und Erschöpfung	0	0	0	0
reagiere unangemessen gegenüber dem Betroffenen	0	0	0	0
bin wütend über die Situation	0	0	0	0
bringe Wut zum Ausdruck	0	0	0	0

habe (noch) andere Gefühle:

0 Traurigkeit	0 Enttäuschung	0 Verzweiflung	0 Ratlosigkeit
0 Aggression	0 Frustration	0 Zuversicht	0 Optimismus

0 andere: ______________________________

	nie	manch-mal	häufig	immer
bringe die Gefühle zum Ausdruck	0	0	0	0
verberge die Gefühle	0	0	0	0
habe Zeit für eigene Bedürfnisse und	0	0	0	0
pflege regelmäßig soziale Kontakte				
in der Familie	0	0	0	0
außerhalb der Familie	0	0	0	0
mit anderen Betroffenen	0	0	0	0
spreche mit anderen Personen über die Situation	0	0	0	0
wünsche mir mehr Entlastung von anderen	0	0	0	0

Arztbesuche, Therapien – soll das im Alltag alles sein?

Wie kann es beruflich weitergehen?

Aufgrund der körperlichen Einschränkungen kann es sein, dass die Ausübung des erlernten Berufes und/oder eine Rückkehr an den alten Arbeitsplatz für den Betroffenen nicht mehr möglich ist. Vor allem dann, wenn in diesem Beruf viel gesprochen wird, ist es eher unwahrscheinlich, dass der Betroffene weiterhin seiner gewohnten Tätigkeit nachgehen kann.

Bei älteren Personen besteht kaum die Möglichkeit zur beruflichen Rehabilitation, gerade wenn zusätzliche Beeinträchtigungen vorhanden sind. Dann kommt es zum vorzeitigen Eintritt in die Rente. Für Betroffene ist es dann oft schwierig, dass sie neben dem Verlust des sozialen Rahmens, der durch Arbeitskollegen geboten wird, auch noch ihre finanzielle Sicherheit verlieren bzw. häufig starken finanziellen Einbußen unterliegen.

Um jüngeren Betroffenen nach einer Hirnverletzung die **berufliche Wiedereingliederung** zu ermöglichen, werden in der Regel bereits während des stationären Aufenthalts die ersten nötigen Schritte durch Ärzte, Ergotherapeuten, Neuropsychologen und vor allem durch den Sozialdienst unternommen. Das Hauptaugenmerk wird dabei auf die **vorhandenen Fähigkeiten** und ihr Potenzial, diese beruflich zu nutzen, gelegt.

Im Therapeutenteam wird beraten, welche Interessen und Neigungen mit den vorhandenen Fähigkeiten so in Verbindung gebracht werden können, dass eine gute Alternative zum vorherigen Beruf gefunden werden kann. Es finden sogenannte **„Arbeitserprobungsmaßnahmen"** statt, in denen der Betroffene, ähnlich wie ein Praktikant, einen Einblick in die berufliche Tätigkeit bekommen soll. So kann der Betroffene herausfinden, ob diese Tätigkeit für ihn in Frage kommt und ob er sich diesen Anforderungen gewachsen fühlt. Eine Dysarthrie (und andere körperliche Beeinträchtigungen) zu haben, bedeutet also besonders für jüngere Betroffene nicht unwillkürlich das „Aus" für eine berufliche Laufbahn. Die Bestrebungen und Möglichkeiten, Menschen mit einer Hirnverletzung ins Berufsleben wieder einzugliedern, nehmen immer mehr zu.

Was ist noch wichtig?

Sollte der Betroffene dazu neigen, nur noch seine Schwächen zu sehen, hat der Angehörige (neben dem Therapeuten) einen großen Einfluss darauf, ihm behutsam, aber beständig seine **Stärken zu verdeutlichen**. Schließlich kann der Angehörige besser als der Therapeut Fortschritte und Erfolge im Alltag miterleben. Deshalb sind Lob und positive Rückmeldungen – nicht übertrieben, jedoch angemessen und ehrlich – auch bei alltäglichen Dingen sehr wichtig.

Möglicherweise können gemeinsam alte **Hobbys und Interessen** wieder aufgenommen werden. Auch neue Beschäftigungen, die dem Betroffenen sinnvoll erscheinen, unterstützen in vieler Hinsicht die Krankheitsverarbeitung positiv. Sie geben dem Tagesablauf eine Struktur. Man lebt nicht in den Tag hinein, sondern hat Termine und Aufgaben zu erfüllen. Außerdem wird Stumpfsinn und Eintönigkeit vorgebeugt, denn ein Tag vergeht nicht wie der andere. Der Betroffene hat dadurch Gelegenheit, vorhandene Fähigkeiten, Fertigkeiten und Talente zu entdecken. Sein **Selbstwertgefühl** wird wieder aufgebaut und/oder stabilisiert. Das wird sich auch auf die **Bereitschaft zum eigenständigen Handeln** im Alltag positiv auswirken. Ein ganz wichtiger Aspekt kommt noch hinzu: Soziale Kontakte können gepflegt werden. Möglicherweise erweitert sich der Bekanntenkreis sogar. Manche neue Beschäftigungen führen vielleicht zum Kennenlernen von Menschen, denen ein ähnliches Schicksal widerfahren ist.

Nicht nur Betroffenen, auch Angehörigen kann es gut tun, **Erfahrungen auszutauschen**. Nach näherem Kennenlernen ist es eventuell sogar möglich, dass man sich gegenseitig unter die Arme greift, was die Bewältigung des Alltags und die Freizeitgestaltung betrifft. So bleibt vielleicht auch Zeit für Angehörige und Betroffene, hin- und wieder getrennte Wege zu gehen. **Eigene Freiräume** sind ebenso wichtig und bringen Entlastung auf beiden Seiten.

Nützliche Informationen

Adressen

ZAMOR e.V.
Im Hollis-Center
Krumenauerstr. 44
85049 Ingolstadt
Tel.: 0841 / 46101
Fax: 0841 / 46108
E-Mail: info@zamor.de
Internet: www.zamor.de

Zentrum für **a**mbulante und **mo**bile **R**ehabilitation bei erworbenen Hirnschädigungen
Informationsbroschüren zu folgenden Themen sind erhältlich:

- Behandlung von Schädel-Hirn-Verletzten
- Schlaganfall
- Aphasie
- Häusliche Pflege und Rehabilitation für Patienten mit neurologischen Erkrankungen
- Magazin der deutschen Schlaganfallhilfe

Stiftung Deutsche Schlaganfall-Hilfe
Carl-Bertelsmann-Str. 256
33335 Gütersloh
Tel.: 0180 / 5093093 (0,14 €/Min.)
Fax: 0180 / 5094094
E-Mail: info@schlaganfall-hilfe.de
Internet: www.schlaganfall-hilfe.de

Informationen zum Schlaganfall werden zugesendet.

Auf der Internetseite kann man unter www.arterie.com einen Schlaganfall-Risikotest durchführen

Bundesarbeitsgemeinschaft (BAG)
Hilfe für Behinderte e.V.
Kirchfeldstr. 149
40215 Düsseldorf
Tel.: 0211 / 31006-0
Fax: 0211 / 31006-48
Internet: www.bag-selbsthilfe.de

Gegen Erstattung der Versandkosten kann man Broschüren zu verschiedenen Themen bestellen.
Im Internet kann die Zeitschrift „Selbsthilfe" bestellt werden.

Deutsche Multiple Sklerose Gesellschaft (DMSG)
DMSG-Bundesverband e.V.
Küsterstr. 8
30519 Hannover
Tel.: 0511 / 96834-0
Fax: 0511 / 96834-50
E-Mail: dmsg@dmsg.de
Internet: www.dmsg.de

Auf Anfrage bekommt man folgende Informationen zugeschickt:

- Krankheitsbild Multiple Sklerose
- „Mit Multipler Sklerose leben – ein praktischer Führer"

Deutsche Parkinson Vereinigung Bundesverband e.V. (dPV)
Moselstr. 31
41464 Neuss
Tel.: 02131 / 410167
Fax: 02131 / 45445
E-Mail:
info@parkinson-vereinigung.de
Internet:
www.parkinson-vereinigung.de

Man bekommt Informationsbroschüren zu folgenden Themen zugeschickt:

- Krankheitsbild Parkinson
- kostenloses Probeexemplar des Magazins „Nachrichten Parkinson"
- Adressliste mit Fachkliniken für Parkinson Patienten
- Adressliste von Regionalgruppen des jeweiligen Bundeslandes
- Literaturliste mit Bestellmöglichkeiten

Bundesverband für die Rehabilitation der Aphasiker e.V. (BRA)
– Bundesverband Aphasie e.V. –
Wenzelstr. 19
97084 Würzburg
Tel.: 0931 / 250130-0
Fax: 0931 / 250130-39
E-Mail: info@aphasiker.de
Internet: www.aphasiker.de

Es werden folgende Informationen zugeschickt:

- Broschüren über Aphasie
- „Wegweiser durch den Hilfsanbieter-Dschungel"
- „Dürfen Aphasiker Auto fahren?"
- kostenloses Probeexemplar der Verbandszeitschrift „Aphasie und Schlaganfall"
- Literaturverzeichnis zu Fachbüchern, Erfahrungsberichten, Übungsmaterialen

Deutsche Gesellschaft für Muskelkranke e.V. (DMG)
– Bundesgeschäftsstelle –
Horst Ganter
Im Moos 4
79112 Freiburg
Tel.: 07665 / 9447-0
Fax: 07665 / 9447-20
Internet: www.dgm.org

Auf der Internetseite kann man die Adressen von Landesverbänden und Selbsthilfegruppen erfahren, es gibt eine Literaturliste und aktuelle Informationen aus der Forschung. Weiterhin wird Beratung und E-Mailberatung angeboten, und es sind auf Anfrage Informationen zu sämtlichen Muskelerkrankungen (Faltblätter) erhältlich.

not
hw-studio weber
Gewerbegebiet 39
76774 Leimersheim
Tel.: 07272 / 9275-0
Fax: 07272 / 927544
E-Mail: hw-studio@t-online.de
Internet: www.hw-studio.de

Fachmagazin für Schädel-Hirn-Verletzte und Schlaganfallpatienten sowie deren Angehörige, Pflegekräfte, Therapeuten, Ärzte, Akutkliniken, Rehabilitationseinrichtungen, Therapie- und Pflegeheime
Auf Anfrage bekommt man ein kostenloses Probemagazin zugeschickt.
Im Internet ist eine elektronische Leseprobe erhältlich.
Unter der Internet-Adresse www.not-online.de sind weiterführende Links zu finden.

Internet

Das Internet ist ein lebendiges Medium. Aus diesem Grunde ist es schwer, in einem Buch eine aktuelle Internet-Adressenliste aufzuführen. Einzelne wichtige und seriöse Adressen sind bereits oben angeführt. Einige weitere Tipps sind folgende:

www.schlaganfall-info.de	Dies ist eine nicht kommerzielle Seite, die 1996 aus persönlicher Betroffenheit entstanden ist. Es gibt zusammenfassende Informationen über Schlaganfall, Hirnverletzung und Aphasie. Eine Reihe von Links, Adressen, Buchtipps und Literaturlisten werden zur Verfügung gestellt. Es gibt auch ein Gesprächsforum für Betroffene und Angehörige.
www.neuroreha.de	Diese Seite bietet zahlreiche Informationen über die neurologische Frührehabilitation. Texte, Adressen und Links stehen zur Verfügung. Auch der Weg zu Selbsthilfegruppen wird erleichtert.

Für weitere Recherchen empfiehlt es sich, beispielsweise in Suchmaschinen wie www.google.com Suchbegriffe wie „Dysarthrie", „Schlaganfall" oder Ähnliches einzugeben. Danach werden üblicherweise Hunderte von Links angezeigt, die man dann weiterverfolgen kann.

Literaturverzeichnis

Im Folgenden sind einige Buchtipps aufgeführt, die behilflich sein können, sich über die Problematiken Hirnverletzung und Dysarthrie weiter zu informieren.

Robert McCrum
Mein Jahr draußen
Wiederentdeckung des Lebens nach einem Schlaganfall
Berlin: Berlin Verlag, 1998

In diesem autobiografischen Text schildert der Autor, ein Schlaganfall-Betroffener mit auch einer Dysarthrie, seine Rückkehr ins Leben. Der Text ist unsentimental verfasst und schildert die Schwierigkeiten des Alltags: depressive Verstimmungen, veränderte familiäre Beziehungen, Geldsorgen, das Leben in der Reha-Klinik, der Kampf ums Geld.

Schlaganfall
Praktischer Ratgeber
Herausgegeben vom Bundesministerium für Gesundheit

Dieser Ratgeber informiert über Themen wie pflegerische Aufgaben zu Hause, Lagerung, Umsetzen, Essen, Trinken, Hygiene und Hilfsmittel. Der Ratgeber kann kostenlos angefordert werden beim Bundesministerium für Gesundheit, Mohrenstr. 62, 10117 Berlin

Rainer Wiegand
Rehabilitation von Patienten mit schweren Schädel-Hirnverletzungen
Informationen für Angehörige
Stuttgart: Fischer Verlag, 1993

Dieser Band erklärt allgemein verständlich Themen wie: Was passiert bei einem Schädel-Hirn-Trauma? Wie verläuft die Rehabilitation? Wie ist die Prognose? Außerdem wird dem Thema „Bewältigung durch die Angehörigen" Platz eingeräumt.

Volker Middeldorf
Komm doch aus dem Schweigen
Sprachliche Handicaps und ihre erfolgreiche Behandlung
Berlin: Verlag Gesundheit, 1999

In diesem Buch berichten Betroffene und Angehörige, darunter nicht wenige Personen mit Dysarthrie, über ihre Erfahrungen, über die Veränderungen in ihrem Leben, über Sprachtherapie und deren Möglichkeiten

Josef Pössl / Norbert Mai
Rehabilitation im Alltag
Gespräche mit Angehörigen hirngeschädigter Patienten
Borgmann: Dortmund, 1996

Die Autoren stellen kompetent die Probleme und Sorgen der hirngeschädigten Personen und ihrer Angehörigen dar. Über weite Strecken kommen die Angehörigen selbst zu Wort. Dadurch gelingt es gut, den Bezug zu den Leser(inne)n herzustellen. Insgesamt ein sehr empfehlenswertes Buch.

Jacques-Michel Robert
Das Gehirn
Bergisch Gladbach: BLT, 1994

Eine knappe und einfache Darstellung wesentlicher Grundlagen über das Funktionieren des Gehirns. Interessant für allgemeine Grundlagen der Arbeitsweise des menschlichen Gehirns.

Anja Schubert
Dysarthrie – Diagnostik, Therapie und Beratung
Hrsg. Jürgen Tesak
Schulz-Kirchner Verlag, 2. Auflage 2007

Studierende und berufstätige LogopädInnen finden in dem Buch wichtige Informationen zur Dysarthrie verständlich zusammengefasst. Das Buch kann als Lernhilfe sowie auch zur Auffrischung des Wissens genutzt werden. Weiterhin kann dieses Buch Betroffenen und Angehörigen/Freunden von Betroffenen, die gern ein Fachbuch mit detailliertem Wissen lesen möchten, empfohlen werden.

Jürgen Tesak
Aphasie – Ein Ratgeber für Angehörige
Hrsg. Jürgen Tesak
Schulz-Kirchner Verlag, 2. Auflage 2007

Dieser Ratgeber ist speziell für Angehörige von Menschen mit Aphasie verfasst, um mit der neuen Situation besser umgehen zu können und ihrem Betroffenen optimal zu Seite stehen können. Im Anschluss an den Ratgeberteil sind zahlreiche Tipps und Hinweise zu Verbänden, Selbsthilfegruppen, Sprachtherapie und Literatur zu finden.

Wolfram Ziegler, Mathias Vogel, Berthold Gröne, Heidrun Schröter-Morasch
Dysarthrie
Grundlagen – Diagnostik – Therapie
Stuttgart: Thieme, 2002

Ein Fachbuch für Fachleute, das die wesentlichen Grundlagen der Dysarthrie zusammenfassend darstellt.

Glossar

Ambulante Behandlung:	die Behandlung erfolgt ohne stationäre Aufnahme in eine Einrichtung, d.h. der Patient geht nach der Behandlung wieder nach Hause
Anarthrie:	schwerste Form einer Dysarthrie, das Sprechen ist durch die starken Bewegungseinschränkungen der Sprechorgane völlig unmöglich
Aphasie:	Sprachstörung oder Sprachverlust als Folge einer Hirnverletzung (z.B. Schlaganfall), typischerweise treten Wortfindungsstörungen, Probleme beim Verstehen von gesprochener und geschriebener Sprache sowie Fehler beim Lesen und Schreiben auf
Apoplex:	medizinischer Begriff für Schlaganfall
Artikulation:	Lautbildung; alle ablaufenden Bewegungsvorgänge, die Laute hervorbringen oder am Ausformen von Sprachlauten beteiligt sind
Aspiration:	Eindringen von Fremdkörpern in die unteren Atemwege infolge fehlender Schutzreflexe (z.B. Hustenreflex); mögliche Folge ist die Verlegung der Atemwege oder → Aspirationspneumonie
Aspirationspneumonie:	Lungenentzündung aufgrund von Aspiration
Ataxie:	Störung der Bewegungskoordination; typischerweise wenig gezielte und stark ausfahrende Bewegungen, schwankend-unsicheres Gangbild durch Gleichgewichtsstörungen, häufig bei Verletzungen des Kleinhirns
Computertomographie (CT):	bildgebendes Untersuchungsverfahren, Schichtbilder werden mit Hilfe von Röntgenaufnahmen hergestellt
Dysphagie:	Schluckstörung; mögliche Symptome: Probleme beim Transport der Nahrung oder des Speichels im Mund oder Einschränkungen des Gefühls im Mund- und Rachenbereich, schwer auszulösender, verzögerter oder fehlender Schluckreflex, schwacher oder fehlender Hustenreflex, Gefahr der → Aspiration

Enzephalitis:	Entzündung des Gehirns
Ergotherapie:	Beschäftigungs- und Arbeitstherapie (griech. ergon = Tat, Arbeit)
Eutonie (euton):	Zustand einer ausgeglichenen Körperspannung
Hemianopsie:	Ausfall einer Hälfte des Gesichtsfelds durch Schädigung der Sehbahn oder der Sehzentren im Gehirn
Hemiparese:	inkomplette Lähmung einer Körperhälfte; häufig hervorgerufen durch einen Schlaganfall
Hemiplegie:	komplette Lähmung einer Körperhälfte
Hypernasalität (hypernasal):	ein zu hohes Maß an Nasalität; beim Sprechen entweicht zu viel Luft durch die Nase
Hypertonie (hyperton):	übermäßige Anspannung der gesamten Körpermuskulatur
Hyponasalität (hyponasal):	ein zu geringes Maß an Nasalität, beim Sprechen von Nasenlauten (m, n, ng) entweicht zu wenig Luft durch die Nase
Hypotonie (hypoton):	zu geringes Maß an Körperspannung, schlaffe Körpermuskulatur, verursacht eine gebeugte bis krumme Körperhaltung
Logopädie:	allgemein Sprachtherapie; speziell Disziplin zur Behandlung von Stimm-, Sprech-, Sprach- und Schluckstörungen
Motorik:	willkürliche Bewegungsvorgänge, die vom Gehirn gesteuert werden
Muskeltonus:	Spannungszustand eines Muskels
Nasalität (nasal):	der durch die Nase entweichende Luftstrom beim Sprechen, charakteristisch für bestimmte Sprachlaute (m, n, ng)
Neuropsychologie:	Disziplin, die sich mit den Zusammenhängen zwischen Gehirn und menschlichen Fähigkeiten wie Gedächtnis, Wahrnehmung, Denken usw. beschäftigt, Neuropsychologie ist aber auch eine therapeutische Disziplin
Physiotherapie:	allgemeine Anregung oder gezielte Behandlung gestörter Körperfunktionen (Gehen, Greifen, etc.)

Prosodie:	Melodie, Rhythmus, Intonation, Wort- und Satzakzent der gesprochenen Sprache; Gestaltung der Rede mittels Variation von Tonhöhen, Sprechtempo und Sprechrhythmus sowie Lautstärke
Sensibilität:	Wahrnehmung von Reizen
Stationäre Behandlung:	der Patient wird ganztägig in die Einrichtung aufgenommen, d.h. er kann nicht nach Hause gehen
Tagesklinik:	über den Tag Aufenthalt im Krankenhaus, Betreuung durch ein medizinisches Team (Ärzte, Schwestern, Pfleger, Therapeuten), am Abend Rückkehr nach Hause, Möglichkeit einer intensiven Rehabilitation
teilstationär:	zeitlich begrenzter Aufenthalt im Krankenhaus (tagsüber) wechselt mit häuslichem Aufenthalt ab, Aufenthalt im Krankenhaus wird zur medizinischen und therapeutischen Behandlung genutzt
Uvula:	Zäpfchen, hängt in der Mitte des weichen Gaumens (→ Velum)
Velum:	weicher Gaumen (Gaumensegel), lappenartige Fortsetzung des Gaumens, besteht aus Muskel und Schleimhaut, bewegt sich beim Sprechen Richtung Rachenhinterwand und schließt den Nasenraum bei bestimmten Lauten ab
Wortfindungsstörungen:	typisch bei einer Aphasie, Schwierigkeit, das passende Wort zu finden
Zentralnervensystem (ZNS):	Gehirn und Rückenmark